지방 인구구조의 변화와 지역 사회복지 전달체계

This Edition was published by Jipmoondang in 2019, Seoul, Korea.

451
아산재단 연구총서

저출산 · 고령화 시대와 한국형 사회복지

지방 인구구조의 변화와 지역 사회복지 전달체계

기정훈

집문당

기정훈(奇正勳) 미국 University of southern California 도시계획학 박사 학위
밀켄연구소 연구분석위원
한동대학교 공간환경시스템공학부 객원 교수
현재 명지대학교 행정학과 교수

아산재단 연구총서 451

저출산 · 고령화 시대와 한국형 사회복지

지방 인구구조의 변화와 지역 사회복지 전달체계

2019년 12월 30일 1판 1쇄

저자 | 기정훈
발행인 | 임동규
발행처 | **(주)집문당**
등록 | 1971. 3. 23. 제2012-000069호
주소 | 03134 서울시 종로구 돈화문로 82 집문당빌딩 5층
전화 | (02)743-3192~3 팩스(02)742-4657
이메일 | sale@jipmoon.co.kr
홈페이지 | www.jipmoon.co.kr

ISBN 978-89-303-1849-5 94330
978-89-303-1500-5(세트)

가격 16,000원

머리말

이 책은 인구구조의 변화에 따른 지역쇠퇴의 심각성을 인식하고 이에 대한 지역 사회복지분야의 적절한 대응과 효과적인 정책을 세우기 위한 연구이다. 특히, 수도권과 일부 대도시권을 제외하고는 인구감소지역이 보편화되고 있음에 따라 가까운 미래에 국토의 대부분이 겪게 될 지역쇠퇴현상을 미리 예측하고 이에 대한 시급한 지역 사회복지 정책 제안을 하는 것이 주요한 목적이다.

특별히 최근 화두가 되고 있는 4차 산업혁명 기반의 사회복지전달체계를 구축을 통해서 지방 인구구조에 따른 미래형 지역 사회복지 모델을 제시하고자 한다. 4차 산업혁명시대는 과학기술영역의 변화뿐 아니라 노동력의 위기, 소득의 불평등, 개인 정체성의 문제, 개인정보관리 등 다양한 차원의 변화가 발생할 것으로 예측된다. 그리고 이러한 변화는 사회복지분야에도 많은 영향을 주게 된다. 특히 4차 산업혁명의 기술들은 사회복지분야에 의미 있는 영향을 줄 수 있을 것이다. 4차 산업혁명 기술의 도입에 대응하여 지자체의 인구구조 특성에 부합하는 다양한 지역사회복지 행정서비스를 위한 사회복지전달체계 구축이 필요하다.

이 책에서는 다음과 같은 연구단계를 통해서 이러한 과제에 대한 해결책을 제시하고자 한다. 첫째, 지역의 인구구조에 따른 지역을 유형화하고 지자체의 유형별 특성을 제시하고 전체 유형들을 단순화하여 몇 개의 지자체-페르소나(persona)로 재구성한다. 지자체-페르소나에서는 인구의 규모, 증감, 전망, 주요 연령대를 포함하는 인구구조를 통하여 분석을 진행하고자 한다. 둘째, 유형화된 지차제의 맞춤형 행정서비스를 도출하는 매트릭스 모델을 개발하며, 국내외 사례를 통해 지역 사회복지 행정서비스 구현에 필요한 4차 산업혁명기술을 파악한다. 셋째, 지자체 맞춤형 지역 사회복지 행정서비스 도출을 위한 4차 산업혁명 기술을 연구한다. 여기에서는 지역 사회복지 행정서비스별 4차 산업혁명 기술을 검토하고 지역 사회복지 행정서비스 관련 빅데이터 현황 및 유형을 검토하고 구체적인 사례 연구에 기반한 4차 산업혁명 기술을 제시한다. 넷째, 지자체 특성에 부합하는 지역 사회복지 행정서비스 맞춤형 4차 산업혁명 기술 도입 모델 개발 및 이를 구현하기 위한 정책적 대안을 제시한다.

지자체-페르소나에서는 인구의 규모, 증감, 전망, 주요 연령대를 포함하는 인구구조를 통하여 분석한 것이고 여기에는 지방인구소멸의 가능성이 높은 초고령화 농촌 유형, 상대적으로 인구소멸의 가능성이 낮은 대도시 서비스 기반 유형, 그리고 지방인구소멸의 가능성이 매우 낮은 제조업 기반도시 유형으로 나뉜다. 이들 세 가지 유형은 그 전달체계에 있어서 각각 노인복지 중심의 서비스, 지역별 차별화된 복지서비스, 다양한 수요 계층을 충족시키는 사회복지서비스로 방향이 나뉘게 된다. 그리고 이러한 목표를 달성하기 위한 4차 산업혁명 기술과의 연계는 지자체 페르소나에 따라서 다르다. 첫째, 초고령화 농촌 유형을 살펴본다. 우선 노인복지와 관련된 사물인터넷 기반의 기술들을 도입해야 한다. 여기에는 홈스피커, 대화 및 상담을 위한 챗봇이나 홀로그램, 노인 거동감시기능, 자동추적기술과 같이 노인홈과 의료 및 상담서비스와 관련된 4차 산업기술이 중요한 역할을 할 것이다. 여기서 축적된 자료들은 빅데이터를 활용, 노인행태 분석 기반 복지서비스로 연결되어 활용된다. 초고령화 농촌 유형에 필요한 또 다른 4차 산업혁명기술은 교통과 관련된 것이다. 이미 몇몇 지방자치단체들이 도입하고 있는 수요응답형 교통(DRT)의 경우는 무인자동차를 활용하여 그 역할을 극대화할 수 있다. 둘째, 대도시 서비스 기반 유형을 살펴본다. 대도시에서는 복지취약지역 중심으로 지역복지를 공급하는 것이 중요하기 때문에 이러한 지역을 선별하기 위한 지리정보시스템과 빅데이터 활용이 필요하다. 특별히 수요응답형 교통(DRT)의 경우는 대도시에서도 공간적으로 필요한 지역들이 있기 때문에 이를 위한 무인자동차 및 자율운행버스 기술이 도입되어야 하고 이에 맞는 법 및 제도적 뒷받침이 요구된다. 셋째, 제조업 기반도시 유형을 살펴본다. 제조업 기반도시 혹은 세종시와 같은 전문화된 도시에서는 복지의 수요가 다양하고 지역별로 차별화될 수 있기 때문에 지역별 인구구조에 맞는 복지 서비스를 판단하거나 결정하기 위한 지리정보시스템과 빅데이터 활용이 필요하다. 그리고 각 지역별로 특성화된 복지서비스를 제공해 주어야 한다. 제조업 기반이나 공공부문 기반의 도시에서는 사회복지와 교육, 주거, 교통 연계형 서비스를 제공하기 위한 빅데이터와 인공지능을 활용해야 한다. 민간부문 복지전달체계의 경우에는 출산, 육아, 교육 중심 복지서비스, 도시인구 특성 맞춤형 복지서비스, 동 단위 사회복지 자치조직 중심 복지서비스와 함께 공공전달체계와 연계형 복지서비스, 그리고 지역 내 종교기관, 시민단체 및 협동조합 참여형 복지서비스를 위한 다양한 공유경제 사업화 기술을 활용할 필요가 있다.

2019년 12월

기정훈 씀

차례

표/그림 차례

Ⅰ. 지방인구구조의 변화와 지역 사회복지 전달체계

Ⅰ. 지방 인구구조의 변화와 지역 사회복지 전달체계

1. 연구개요

1) 연구목적 및 배경

본 연구는 인구구조의 변화에 따른 지역쇠퇴의 심각성을 인식하고 이에 대한 지역 사회복지분야의 적절한 대응과 효과적인 정책을 세우기 위한 연구이다. 특히, 수도권과 일부 대도시권을 제외하고는 인구감소지역이 보편화되고 있음에 따라 가까운 미래에 국토의 대부분이 겪게 될 지역쇠퇴현상을 미리 예측하고 이에 대한 시급한 지역 사회복지 정책 제안을 하는 것이 연구의 주요한 목적이다.

특별히 최근 화두가 되고 있는 4차 산업혁명 기반의 사회복지전달체계 구축을 통해서 지방 인구구조에 따른 미래형 지역 사회복지 모델을 제시하고자 한다. 4차 산업혁명시대는 과학기술영역의 변화뿐 아니라 노동력의 위기, 소득의 불평등, 개인 정체성의 문제, 개인정보관리 등 다양한 차원의 변화가 발생할 것으로 예측된다. 그리고 이러한 변화는 사회복지분야에도 많은 영향을 주게 된다. 특히 4차 산업혁명의 기술들은 사회복지분야에 의미 있는 영향을 줄 수 있을 것이다. 4차 산업혁명 기술의 도입에 대응하여 지자체의 인구구조 특성에 부합하는 다양한 지역사회복지 행정서비스를 위한 사회복지전달체계 구축이 필요하다.

2) 연구내용 및 방법

본 연구에서는 다음과 같은 연구단계를 통해서 이러한 과제에 대한 해결책을 제시하고자 한다. 첫째, 지역의 인구구조에 따른 지역을 유형화하고 지자체의 유형별 특성을 제시하고 전체 유형들을 단순화하여 몇 개의 지자체-페르소나(persona)로 재구성한다. 지자체-페르소나에서는 인구의 규모, 증감, 전망, 주요 연령대를 포함하는 인구구조를 통하여 분석을 진행하고자 한다. 둘째, 유형화된 지차제의 맞춤형 행정서비스를 도출하는 매트릭스 모델을 개발하며, 국내외 사례를 통해 지역 사회복지 행정서비스 구현에 필요한 4차 산업혁명기술을 파악한다. 여기에는 복지전달체계를 지자체별 인구구조에 따라서 주변지역 연계 네트워크형, 공간구조 재구성형, 4차 산업 집약형 등으로 다양화하고자 한다. 셋째, 지자체 맞춤형 지역 사회복지 행정서비스 도출을 위한 4차 산업혁명 기술을 연구한다. 여기에서는 지역 사회복지 행정서비스별 4차 산업혁명기술을 검토하고 지역 사회복지 행정서비스 관련 빅데이터 현황 및 유형을 검토하고 구체적인 사례 연구에 기반을 둔 4차 산업혁명 기술을 제시한다. 예를 들어 블록체인기술이 광범위하게 도입될 경우에는 인구규모가 작은 도시들의 경우는 지자체의 기능의 대부분을 대체할 수 있는 사례 등에 대해 보다 심도 있는 분석을 제시하고자 한다. 넷째, 지자체 특성에 부합하는 지역 사회복지 행정서비스 맞춤형 4차 산업혁명 기술 도입 모델 개발 및 이를 구현하는 시스템 설계를 제시한다. 특별히 지자체 인구 대비 공무원의 비율 등과 같은 현실적인 문제들을 고려한 시스템 설계를 목표로 하여 연구를 진행하고자 한다.

연구의 내용 및 범위는 우리나라 광역 및 기초 지방자치단체를 대상으로 하여 인구구조를 기초로 하여 유형화하고 각 유형별로 필요한 지역 사회복지 행정서비스와 전달체계를 파악한 후에 이에 맞는 4차 산업혁명 기술과 연결시켜 주는 것이다.

이와 함께, 본 연구의 기대효과는 다음과 같다. 첫째, 학문적으로는 4차 산업혁명기술과 행정서비스의 결합을 제시하는 연구로 융합연구의 새로운 지평을 열수 있을 것이다. 둘째, 사회적으로는 지자체의 주요 사회복지 업무에서 인공지능, 자율주행차, 챗봇, 블록체인, 드론 등과 같은 4차 산업혁명기술이 어떻게 효과적으로 활용될 수 있을지에 관한 방향을 제시할 것이다. 셋째, 행정적 측면에서 지자체 맞춤형 행정 서비스의 고도화에 따른 지역 사회복지 행정 효율화가 이루어짐에 따라 주민들의 행복지수가 높아질 수 있을 것이다. 넷째, 교육적 측면에서 4차 산업혁명에 관련한 연구결과의 축적에 따라 새로운 연구의 표본을 제시함으로써 대학교육의 측면에서 상당한 기여가 있을 수 있을 것이다.

2. 연구내용

1) 연구내용 및 결과

(1) 연구의 목적과 의의

우리나라의 지방 인구는 지속적으로 감소하고 있으며 고령화 역시 심화되고 있다. 이로 인하여 지방은 총체적인 소멸 위기에 처해 있다. 저

그림 1 2040년까지 5년 간격 농촌의 인구 구성

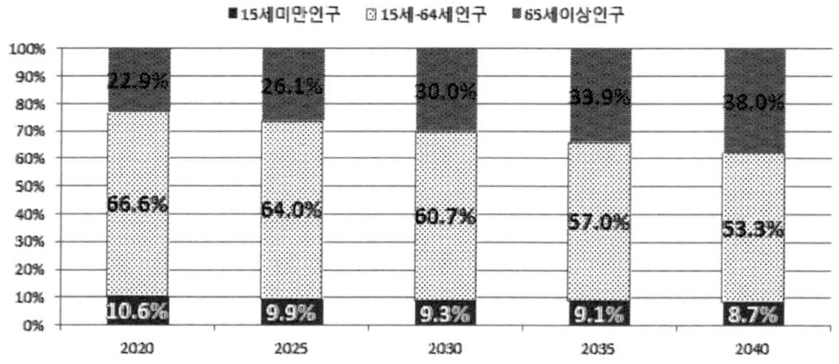

자료: 통계청(2018).

출산 · 고령화가 지속되면서 향후 2031년 이후 인구 절대 규모가 감소할 것으로 예상됨에 따라 '인구 다운사이징 효과'가 지방을 중심으로 본격적으로 표출될 것으로 예상된다(그림 1과 그림 2 참조).

한국농촌경제원의 분석에 따르면 65세 고령인구의 비중이 향후 20년 동안 거의 40퍼센트가 넘을 것으로 보인다.[1] 지방의 인구감소와 고령화가 심화되는 양상과 더하여 청장년 인구가 지방으로 유입되지 않음으로써 지방의 지속가능성의 근간이 크게 흔들린다.

지방, 특히 농촌의 인구정체 및 감소는 산업화 시대 이후 대도시로 노동력을 공급하는 기지로서의 기능이 정지했다는 것과 함께 지방 자체의 존립을 위태롭게 함으로써 도시와 지방 모두에게 지속가능한 발전의 최대 걸림돌이 될 것이다. 가령 지역 내의 가임여성과 고령자의 비율로 일

---

1) 농촌경제연구원, 〈2017 농업전망〉.

그림 2 30년 이내 소멸할 위험이 높은 시 · 군 및 읍 · 면 · 동(계속)

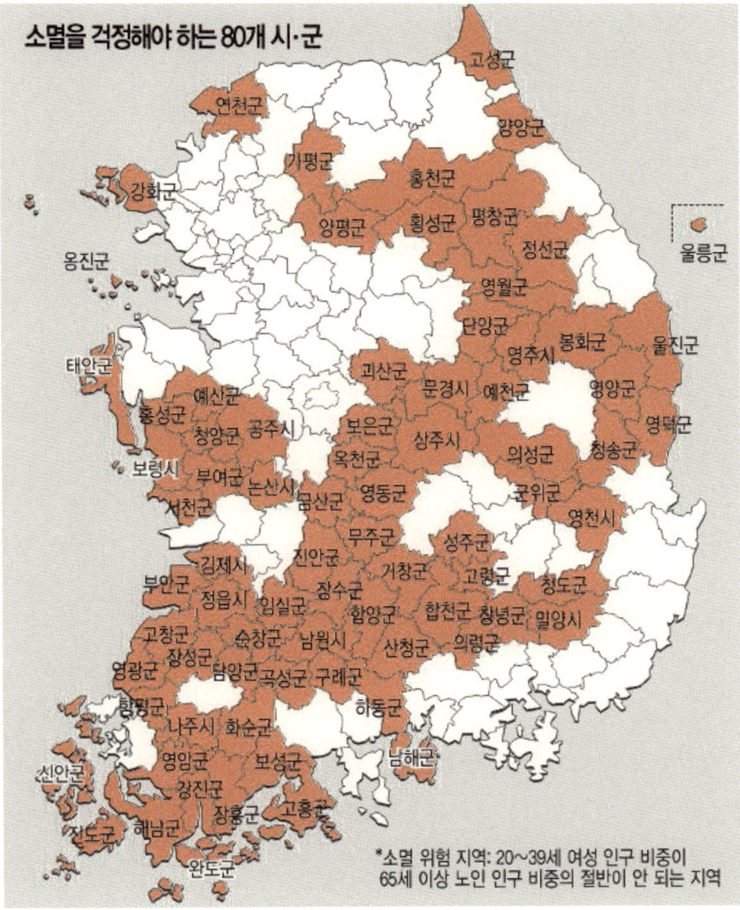

지역	전체인구	고령인구	위험지수
경북 의성군 신평면	811	444	0.047
경북 의성군 안사면	868	451	0.060
경북 군위군 산성면	1,265	607	0.066
강원 철원군 근북면	110	58	0.069
충남 서천군 시초면	1,349	660	0.070
경북 군위군 고로면	1,322	564	0.071
경남 거창군 가북면	1,448	658	0.073
경남 통영시 한산면	2,204	1,020	0.074
경남 합천군 쌍백면	1,922	980	0.076
경남 의령군 봉수면	1,056	507	0.077
경북 영덕군 창수면	1,856	893	0.077
경북 의성군 사곡면	1,581	718	0.078
경남 의령군 유곡면	1,298	636	0.079
경북 상주시 은척면	1,591	748	0.080
경북 영덕군 지품면	2,253	975	0.081

주 1) 전체인구를 비롯 통계 수치는 통계청 2016년 11월 기준 자료임.
2) 고령인구는 65세 이상 인구임.
3) 소멸위험지수는 20~39세 여성인구 수를 65세 이상 고령인구수로 나눈 값임.
자료: 지역 고용동향 심층분석, 한국의 '지방소멸'에 관한 7가지 분석.

본의 기초단체에 적용하여 지방의 소멸 가능성을 분석하여 파장을 일으켰던 마스다 리포트[2]의 공식을 한국에 대입해 보면 한국의 지방소멸의 가능성은 매우 심각한 것으로 나타났다. 그림 2를 보면, 약 250개의 기초단체 중 소멸을 심각하게 걱정해야 하는 시 · 군이 80개에 이른다.

2) 마스다 히로야 지음, 김정환 옮김, 〈지방소멸론〉, 와이즈베리, 2015.

통계청의 자료에 의하면 2018년을 정점으로 인구가 감소하여 2030년에는 2005년 대비 10% 이상 감소하는 광역시 · 도가 6개(부산 · 대구 · 강원 · 전북 · 전남 · 경북)에 이르게 된다(권일 외, 2011: 그림 1 참조). 특별히 저출산에 따른 인구감소는 수도권보다 지방에서 더 빠르게 진행될 것이며 (권일 외, 2011), 도시보다는 농촌지역에서의 인구감소가 더 큰 문제로 나타나게 될 것이다(김부성, 2009; 임형백, 2010). 임형백(2010)에 의하면, 1980년에 1,600만에 이르던 농촌인구는 2010년에는 절반인 800만 명이 되고, 2030년에는 500만 명이 될 것으로 예상된다. 이는 지역적인 측

그림 3 장래인구추계에 의한 지역별 인구변화율 예상치(2010-2030)

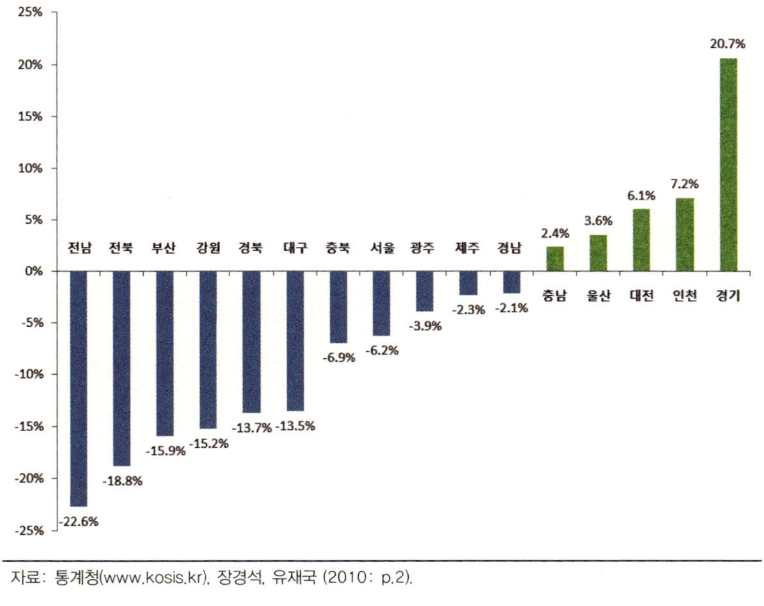

자료: 통계청(www.kosis.kr), 장경석, 유재국 (2010: p.2).

면에서 보면 인구감소에 따른 지역쇠퇴가 심각할 것임이 예상된다.

이러한 인구감소는 단순히 다가올 미래적인 문제만은 아니다. 오히려 현재 우리나라의 일부 지역에서 현격하게 진행되고 있는 인구의 감소 및 인구의 고령화가 더 큰 문제라고 할 수 있다(조선일보, 2009; 김부성, 2009, 김광주 외, 2010). 송상열(2007)은 서울특별시와 6개 광역시를 제외한 159개 시 · 군들 중에서 통계적 분석을 통해서 84개의 비성장형도시(非成長型都市)를 구분했는데, 이들의 문제점은 인구의 감소 및 고령화, 교육 및 문화기반의 취약, 산업의 쇠퇴와 소득수준의 저하, 재정 및 예산의 부족, 급격한 도심쇠퇴 현상, 중앙정부의 정책적 지원 미비 등을 들고 있다(송상열, 2007). 2010년 12월 28일 통계청이 발표한 '2010 인구주택총조사'에 따르면 2010년 특별시와 광역시 인구는 2005년보다 오히려 9천명 감소하였고 전체 시 · 군 · 구 가운데 89개 시 · 군 · 구는 인구가 증가한 반면, 141개 시 · 군 · 구는 감소하였다. 이러한 통계가 말해주고 있는 것은 일부 인구가 늘어나는 도시지역도 존재하지만 그보다 더 많은 지역에서 인구감소현상이 분명하게 나타나고 있다는 것이다(김광주 외, 2010: p.78).

특별히 인구 구조적 측면에서 우리나라의 고령화는 세계에서 유래 없이 빠르게 진행되고 있다(김부성, 2009: p.43). 우리나라의 고령화 사회(노인인구 7%), 고령사회(노인인구 14%), 초고령사회(노인인구 20%)로 진입하는데 소요되는 시간을 보면 2006년에 초고령사회로 접어든 일본보다도 훨씬 빠른 고령화 속도를 보이고 있다(김부성, 2009: p.43-44; 김용웅, 2011, 표 1 참조). 2005년에는 생산가능인구(15-64세) 7.9명이 노인

표 1 주요 저출산국가 인구고령화 속도

국가	해당 노인인구비 도달연도			증가소요 연수	
	7%	14%	20%	7–14%	14–20%
한국	2000	2018	2026	18	8
일본	1970	1994	2006	24	12
독일	1932	1972	2012	40	40
영국	1929	1976	2021	47	45
이탈리아	1927	1988	2007	61	19
미국	1942	2013	2028	71	15
프랑스	1864	1979	2020	115	41

자료: 김부성(2009).

1인을 부양했지만 2020년에는 생산가능인구 4.6명이 노인 1인을 부양해야 하고, 2050년에는 생산가능인구 1.4명이 노인 1명을 부양해야 하는데, 이렇게 고령화가 빠르게 나타나는 것은 평균수명은 크게 늘었지만 출산율은 현저하게 떨어졌기 때문이다(김부성, 2009: p.44).

그렇지만 앞의 그림 3과 그림 4에서 보여주는 바와 같이 인구 이동 때문에 인구가 감소하는 지자체가 있는 동시에 인구가 증가하는 지자체 또한 존재한다. 인구이동의 원인은 다양하게 나타나는데, 홍성효와 유수영(2012)의 연구에 의하면 상대적으로 젊은 이주 주체들은 기대소득과 인구밀도가 높은 지역으로 이주하는 경향이 있는 반면, 고령자들은 인구밀도가 낮거나 지방정부 예산에서 사회복지에 대한 지출의 비중이 높은 지역으로 이주하려는 경향이 있음을 볼 수 있다(홍성효, 유수영, 2012). 특

그림 4 시도별 인구이동 현황(2016년 기준순 이동률)

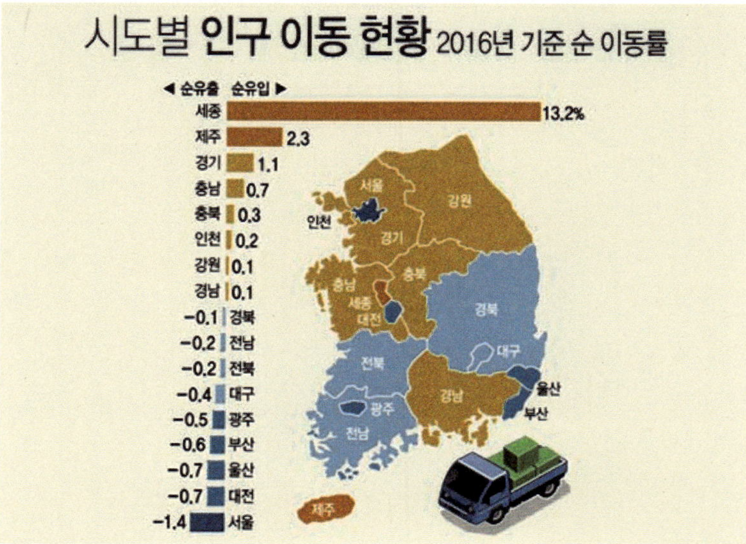

자료: 연합뉴스(2017).

별히 젊은 계층의 수도권 집중경향은 여러 연구에서 지적되고 있다(권상철, 2005). 따라서 젊은 계층의 유입이 많은 지자체에 대한 접근이 필요하며 이를 본 연구에서 담아내려고 한다.

출산율 감소, 고령화의 영향에 의한 인구구조의 변화는 특별히 해당 지역에 다양한 문제점을 가져오게 된다. 첫째, 인구감소지역의 재정 능력과 지역 활력 요소를 감소시키게 된다(조선일보, 2009; 김광주 외, 2010, 권일 외, 2011: pp.7-8).그리고 이러한 재정능력과 지역 활력 요소의 감소는 해당 지역에 거주하는 매력도를 낮추어 인구를 다시 감소시키는 악순환 구조를 양산하게 된다. 시스템 다이나믹스적 접근을 통해서 김광주 외

그림 5 저출산, 고령화 및 인구감소로 인한 악순환 구조

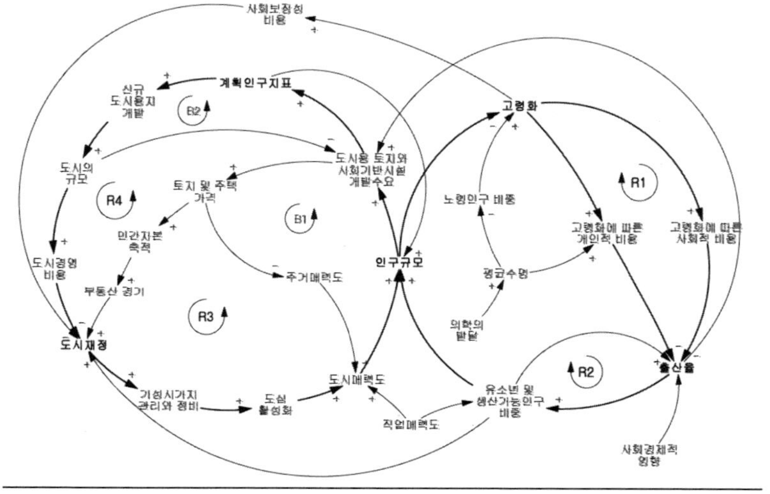

자료: 김광주 외(2010: p.91).

(2010)는 저출산 및 고령화와 인구감소로 인한 악순환 구조를 도식화하였다(김광주 외, 2010: p.91, 그림 2 참조). 이와 함께 그림 5에서는 인구감소가 지역경제에 미치는 영향을 순차적으로 보여주고 있다(한국은행, 2008).

2040년에는 전국 지방자치단체 중 30%가 소멸위험지역으로 분류될 정도로 지방을 중심으로 인구 과소지역 문제가 심화됨에 따라 현재의 지방행정구역을 단위로 한 지역사회복지전달체계의 재구축 필요성이 제기될 것으로 예상된다. 따라서 인구 감소가 본격화되는 지방의 인구구조 변화에 따른 지역사회복지 및 사회복지전달체계의 개편 방안을 체계적으로 모색해 나갈 필요가 있다. 여기에서는 저출산, 고령화의 문제와 함께 인

구대비 공무원의 비율이나 지방행정조직과의 연계성 관점에서 연구를 진행하고자 한다.

이러한 과정에서 민간과 공공 간에 연계체제를 구축하고, 민간 간에도 네트워크 체제를 구축하여 민간, 공공 통합적 사회복지 서비스 전달체계를 구축하는 등의 정책이나, 기초자치단체 단위에서도 협의회와 지역복지네트워크 조직을 통해서 민간 부문의 필요와 수요가 반영되는 등이 필요하다(이성규, 2008; 남진열, 2010)(그림 6, 그림 7 참조).

통계청(2019)에 따르면 우리나라 총인구는 2017년 현재 5,136만 명으로 중위 추계 가정 시 2028년에 5,194만 명을 정점으로 감소하기 시작하여 2067년에는 1982년 수준인 3,929만 명으로 감소할 것으로 전망되고 있

그림 6 민간 사회복지서비스 전달체계 모형 제안

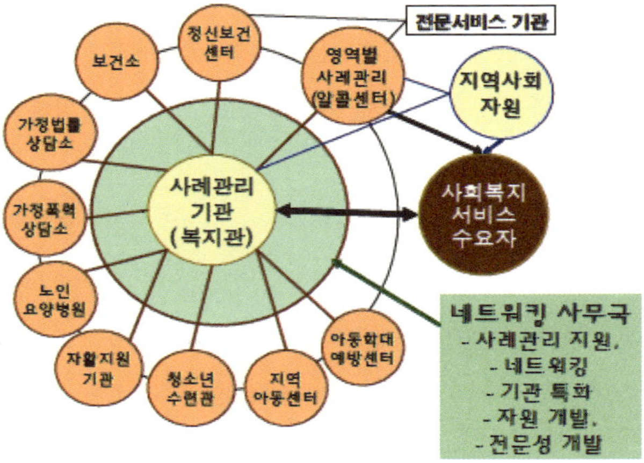

자료: 이성규(2008).

그림 7 지역사회 중심에서의 민관협력 체계도

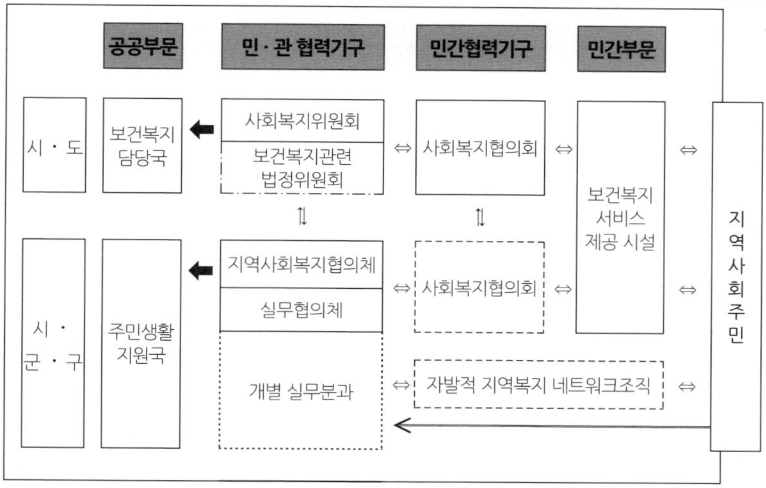

비고: ⇄ 심의 및 건의 기능 ⇔ 참여, 건의, 소통 기능

자료: 남진열(2010).

다. 특히 2018년 합계출산율이 0.98명을 기록하는 등 초저출산 현상이 더욱 심화되고 있어 2019년부터는 사망자가 출생아보다 많아지는 자연감소가 시작될 전망이다. 또한 우리나라는 현재 세계에서 가장 빠른 속도로 고령화가 진행되고 있다. 2018년에 고령사회(65세 이상 인구 비율 14%)에 진입하였고, 2025년에 이르면 고령인구 비중이 20%에 달해 초고령사회로 진입할 것으로 전망되고 있다. 고령인구 비중이 2036년에는 30%, 2051년에는 40%를 초과할 것으로 전망되고 있다.

이처럼 우리나라 총인구는 2029년부터 감소할 것으로 전망되고 있으나, 지역적으로는 이미 오래전부터 출생 · 사망의 자연적 인구 증감과 유입 · 유출의 사회적 인구 증감이 결합되어 인구 감소 현상이 진행되어 왔다. 이러한 인구 감소 문제는 농어촌의 경우 더욱 심각한 위기를 가져올 것으로 전망되고 있다. 한국고용정보원(2016)의 한국의 지방 소멸에 관한 7가지 분석에 따르면 향후 30년 내 82개 군 지역 중에서 69곳(84.1%), 3,482개 읍 · 면 · 동 중에서 1,383곳(39.7%)이 소멸할 것으로 전망되고 있다. 농어촌지역의 인구는 1970년대에 총인구의 57.4%였으나, 이후 지속적으로 감소하여 2013년에는 18.4%(930만 명)에 불과하며, 가구수 20호 미만의 과소화 마을은 2005년 2,048개에서 2010년 3,091개로 증가했다(박진경 · 김상민, 2017).

이와 같이 저출산 · 고령화 현상으로 인해 우리나라 지방자치단체는 고령인구 비중의 증가, 인구 규모의 감소, 단독가구의 증가 등 인구구조의 변화가 급격하게 진행되고 있다. 그 결과 일부 지역은 향후 소멸의 위험성이 제기되고 있을 뿐 아니라 이미 다수의 지역에서 인구 과소화 현상으로 인한 문제점이 노출되고 있다. 이러한 지역별 인구구조의 급격한 변화는 지방행정체계 및 행정서비스 전달체계에 있어서 상당한 변화를 가져올 것으로 예상되고 있다. 현재 '지방자치단체의 행정기구와 정원기준 등에 관한 규정'에 따르면 지자체의 행정기구 및 정원에 대한 규정은 인구를 기준으로 설정되어 있기 때문에 인구 규모가 크게 감소하는 기초자치단체는 조직과 인력의 축소가 불가피하기 때문에 행정서비스 제공 방식에도 변화를 가져올 수밖에 없는 상황이다(고길곤 · 김대중, 2017). 예를 들어 고령사회에 대비하여 공공시설의 집중배치와 같은 행정서비스 집중행정의 구축, 시 · 군 간 통합이나 협력체제의 구축과 같은 지방행정체제의 개편 방안을 모색해 나갈 필요가 있다(김순은, 2017). 이처럼 지역별 인구구조의 변화에 따른 인구 과소지역의 발생이나 지방행정체제의 개편 및 행정서비스 제공방식의 변화는 자치단체 계층구조와 행정구역을 단위로 한 공간구조에 기반을 두고 구축되는 사회복지전달체계에 결정적인 영향을 미치게 된다고 볼 수 있다.

그러나 인구 규모의 감소나 높은 고령화 현상으로 인한 문제가 모든 지역에서 동일하게 나타나고 있는 것은 아니다. 국가 전체적으로는 인구가 감소함에도 불구하고 일부 지역은 앞으로도 계속 인구가 증가할 것으로 전망되고 있다. 또한 고령화 비율도 상대적으로 낮은 수준을 유지하고 있다. 이런 곳은 인구 과소지역이나 고령인구 비중이 높은 지역과는 달리 주거나 일자리 문제, 보육과 교육 문제 해결을 위한 정부부문의 역할이 강조되고 있다.

이와 같이 사회복지전달체계는 저출산 · 고령화 현상이나 가구 유형 등과 같은 객관적 복지환경의 변화와 주관적 수요의 변화에 따라 개편의 필요성이 제기된다(남찬섭, 2017). 예를 들어 객관적 복지환경을 구성하는 인구구조의 변화는 지역사회의 복지자원(지역공동체의 인적자본 및 사회자본, 사회복지시설, 의료기관, 지방재정의 세입기반, 교통접근성 등)과 복지욕구(보건의료, 주택, 일자리, 육아, 교육, 다문화가정 등)에 영향을 미치게 된다. 예를 들어 군 자치단체는 인구 규모 자체가 계속 감소할 뿐 아니라 그 밀도가 낮아져 복지대상자, 특히 노인에게 복지서비스를 제공함에 있어 거리에 따른 비용이 크게 증가하고, 지역공동체 붕괴는 가속화되며, 지방자치단체의 독자적인 재원은 점점 감소할 것으로 예상되고 있다(김순은 외, 2016). 이처럼 인구구조의 변화에 따라 지역사회의 복지자원과 복지수요 측면에서 가시적인 변화가 나타나면 사회복지전달체계도 이러한 변화에 맞춰 재구축되어야 할 것이다.

따라서 앞으로 인구구조의 변화를 반영한 사회복지전달체계의 개편 방안을 모색하는 과정에서는 지역별 인구구조 및 변화의 특성을 기준으로 지방자치단체를 유형화하여 지역별 맞춤형 사회복지전달체계를 구축할 필요가 있다. 예를 들어 농촌형 자치단체는 도시형 자치단체와는 다른 농촌형 사회복지전달체계를 구축해야 한다. 그 이유는 다음과 같다. 우선 사회복지전달체계의 효과성을 제고하기 위해서는 특정 복지서비스 및 대상자의 특성, 지역의 관행 또는 자원과 같은 지역 특성을 고려하여 가장 적절한 방안을 설계할 필요가 있다. 또한 관 · 민 협력과 같은 사회복지 거버넌스를 구축하는 경우에 있어서도 도시지역은 해당 지역공동체의 민간자원과의 협력 필요성과 중요성이 높게 인정되지만, 농촌지역은 이러한 협력의 필요성과 가능성이 상대적으로 높지 않은 지역여건이 작용하고 있다(김용현 외, 2015).

지방의 인구구조 변화에 따른 지역 사회복지 전달체계를 새롭게 구축하는 것과 함께 4차 산업혁명 기술을 활용하고 응용하는 것도 중요하다. 4차 산업혁명은 인공지능(AI), 로봇, 사물인터넷(IoT), 빅데이터(Big data) 등 정보통신기술이 사회 전 분야에 적용되어 경제 및 사회 구조의 근본적 변화를 촉발시키는 기술혁명으로 정의된다(Schwab 2016).

4차 산업혁명의 특징은 기존의 IT, BT기술을 기반으로 다양한 분야를 융합하는 초융합성, 초연결성(Hyper-Connected)이라고 볼 수 있다. 4차 산업혁명은 기존의 오프라인에서 온라인을 융합하는 산업혁명으로 기존 산업혁명들과 달리 특정 기술의 변화가 아니라, 스마트 공장과 같은 가상 시스템과 물리 시스템의 융합이며, 이것은 사회 전체를 최적화 하는 방향으로 진화하고 있다(이민화 2017, p.14; 장석인 2017, p. 23).

4차 산업혁명시대는 과학기술영역의 변화뿐 아니라 노동력의 위기, 소득의 불평등, 개인 정체성의 문제, 개인정보관리 등 다양한 차원의 변화가 발생할 것으로 예측되는데, 4차 산업혁명 기술의 도입에 대응하여 지자체의 특성에 부합하는 지역 사회복지 행정서비스 실행에 다차원적인 대응이 필요하기 때문에 이에 대한 적용이 필요가 있다. 예를 들어 최근 각광을 받고 있는 블록체인 기술의 경우는 인구수가 적은 지자체에서 행정의 상당부분을 대체할 수 있다는 점에서 이에 대한 국내외 사례연구와 함께 사회복지행정전달체계 등의 연구를 같이 하려고 한다.

(2) 관련 선행연구 조사

고령화 및 생산인구 감소와 같은 인구의 구조의 변화는 지방자치단체, 특별히 기초자치단체의 운영과 재정에 심각한 영향을 준다. 김종순과 장경원(2018)은 2002년부터 2016년까지의 패널데이터 분석을 통해서 노인인구비율은 지방세 규모에 부(-)의 영향을 미치는 반면, 세출규모에는 정(+)의 영향을 미치는 것으로 나타나 향후 노인인구비율의 증가는 세입보다 세출을 빠른 속도로 증가시킬 것이라고 주장한다. 하능식과 임성일(2007)도 출산율 증가와 생산성 향상이 수반되지 않는 고령인구의 증가는 노인복지비용의 부담 증가와 함께 경제성장의 둔화와 재정의 세입기반 약화를 초래할 가능성이 높다는 점을 강조한다. 박지현(2015)은 우리나라의 지방재정의 장기적인 전망이 희망적이지 못하다고 주장한다. 그 이유는 저출산 및 고령화로 인한 인구구조변화는 사회복지수요를 증가시킴과 동시에 거래과세의 의존도가 큰 지방세수를 감소시킬 것으로 전망되기 때문이라는 것이다. 이에 따라서 지속가능한 지방재정을 위해서는 지방세원의 확충과 함께 세원의 신장성과 재정부담의 세대 간 균형을 맞출 수 있는 소비세로의 중심 이동을 제시한다(박지현, 2015: 107-110).

이러한 고령화 및 인구감소에 대한 대응전략들이 다양하게 제시되어 왔다. 김순은과 동료 연구자들은 지역 HUB 및 서비스집중도시(compact city)의 개발, 고령자의 사회경제적 참여 확대, 지역 다문화가정에 대한 지원정책 개선 등을 제시하고 있다(김순은 외, 2016). 한국지방행정연구원(2017)에서는 인구감소시대의 새로운 지역발전정책방안으로서 지역의 주민의 라이프사이클과 라이프스타일을 고려한 생애주기별 맞춤형 시설공급을 주장한다. 여기에서 강조하는 핵심은 다양한 연령층의 주민이 거주하더라도, 지역활력 제고에 필요한 핵심시설을 우선 설치할 수 있도록 주민수요조사를 통한 맞춤형 시설을 공급하는 것이다. 예를 들면 저출산 문제로 육아하기 좋은 환경이 필요한 지역은 육아친화마을로 육성하며 고령화문제로 마을주민이 대부분 노인인 경우는 노인장수마을로 육성하는 것과 같은 전략인데 그 실효성 측면에서 다소 한계점을 가지고 있다. 김상민과 박진경(2018)은 강원도 화천군을 대상으로 한 최근 연구에서 지자체 인구구조 변화 대응전략을 제시했다. 이 연구에서는 접경지역 및 군사지역인 특수성으로 인해 인구감소를 경험하고 있는 화천군에 대해서 군인간부 가족 전입유도 정책 등 인구유입 정책을 통해서 근무지를 옮긴 후에도 가족들을 화천에 남겨놓거나 은퇴 후에 화천으로 이주하는 인구가 증가하는 현상이 나타남을 보여준다(김상민, 박진경, 2018: 154-155). 이 연구에서 저자들이 강조하는 바는 과대추정된 계획인구가 아닌 해당 자치단체의 현실을 반영할 수 있는 인구추계의 중요성과 함께 지역 주민들의 우선순위에 대한 파악과 문제해결을 위한 선택과 집중의 전략이 성공의 열쇠임을 보여준다.

우리나라의 인구구조는 심각한 출산율 저하와 급속한 노령화 진행에 의해 크게 변화하고 있으며 이에 따라 사회복지에 대한 재정수요도 급격하게 증가하고 있다. 인구구조변화와 관련된 사회복지정책 목표 중 중요한 부분은 세대 간 소득재분배이므로 주로 중앙정부의 역할로 인식된다(황규선, 권승, 2005; 주만수, 2007).

아동인구 비중의 감소는 아동인구에 대한 복지지출 수요의 감소를 의미할 수 있으나 동시에 민간부문의 아동 양육비를 보조하여 출산율을 높이기 위한 복지수요를 확대하기도 한다. 아동인구는 전국적으로 감소할 것이므로 아동 일인당 복지지출이 일정하다면 아동에 대한 복지지출수요는 감소할 것이다. 이 복지지출수요의 감소폭은 중기적으로 도가 특별광역시보다 약간 크지만 장기적으로는 특별광역시의 감소폭이 더 클 것이다. 또한 비수도권의 아동복지지출수요 감소폭은 중장기적으로 수도권에 비하여 상당히 클 것이다. 따라서 수도권과 비수도권을 비교할 때 아동복지지출수요의 상대적 크기는 수도권에서 점점 더 커질 것이며 적어도 중기적으로는 특별광역시의 지출수요가 상대적으로 도보다 클 것이다(주만수, 2007). 또한 아동 일인당 복지지출이 아동인구 감소율보다 더 빠르게 증가하여 아동복지 관련 총 지출액이 증가하는 경우에도 수도권의 수요가 더 크게 증가하여 재정압력을 받게 될 것이다.

노인인구는 은퇴 이후의 안정적 삶을 보장하기 위한 소득보장 및 고용정책과 의료정책에 대한 수요를 확대시킨다. 중기적으로는 노인인구에 대한 복지수요는 특별광역시 혹은 수도권지역에서 더 빠른 속도로 증가할 것이다(주만수, 2007). 비록 특별광역시 혹은 수도권 광역자치단체들의 재정력이 우월하다고 하더라도 이들 지역에서 노인복지수요 증가에 따른 재정압력이 더 크게 증가할 것이다. 이러한 재정지출 수요의 증가는 전국적인 현상이지만 지역별로 인구구성과 그 전개과정이 다르다면 각 지역이 필요로 하는 재정규모도 달라진다.

따라서 지역별로 인구구성이 어떻게 변화하고 있는지를 검토하고 이에 근거하여 복지수요의 변화에 대한 함의를 유추하는 것은 관련 제도개선을 위하여 선행되어야 할 과제이다. 또한 지역별 인구구조의 변화에 대해 설명할 때에는 단지 인구구조뿐 아니라 각 부양인구의 일인당 재정수요액이 지역별로 다르다면 이를 고려하여 재정수요액의 변화를 판단하여야 한다(최병호, 2008). 아동인구는 중기적으로 시 · 군지역에서 더 급격하게 감소하고 시 · 군지역의 아동 일인당 복지비가 더 크므로 아동복지비 수요액의 절약액은 특별광역시보다도 지역에서 훨씬 더 크게 나타날 것이다.

종합하면, 특별광역시와 도 지역 거주 노인과 아동의 복지비 수요에 관한 단위비용 비율이 현재의 수준을 유지한다면 인구구조에 의해 수요

변화를 판단할 때와 큰 차이가 없이 특별광역시 혹은 수도권의 복지비 수요증가가 더 클 것임을 알 수 있다.

또한 노인부양비율이 증가하고 출산율이 감소함에 따라 미래세대와 국가경제에 심각한 부담을 안겨주며 따라서 이에 대비한 국가적 정책대응의 조속한 필요성이 요구된다. 먼저 고령화에 따른 재정악화의 문제를 해소하기 위해서는 우선적으로 고령자의 경제활동 참가를 증진시키는 것이 필수적이다. 이를 위해 더욱 많은 노인 일자리를 창출하고 활성화하는 대책이 마련되어야 하며 일정 연령 이후에는 임금이 감소하는 임금피크제 등의 도입을 통해서라도 정년연장의 길을 열어 고령의 노동력을 노동시장에 더 오랜 기간 잔류토록 하는 방안이 수립되어야 한다.

한편 저출산에 따른 생산인구의 감소로 인한 문제를 해소하는 방법은 여성이 마음 놓고 자녀를 낳아 기를 수 있는 사회적 환경을 조성하는 길이 최선의 방안이다. 이러한 방안을 통해 미래의 잠재적 생산가능 인구를 증가시킬 수 있으며 여성 유휴인력의 노동시장 참여를 도모할 수 있다. 공보육체계의 확충 및 개선을 통한 질 좋은 보육서비스의 확대제공, 모성/부성 휴가제를 포함한 출산, 양육 휴가제도 확대실시, 아동수당 등의 양육수당 제공 및 가족에 대한 세제혜택 등의 종합적이고 전 사회적인 노력을 통해서만이 출산율 증가와 여성경제활동률 증가라는 동반상승을 가져옴으로써 생산인구 감소에 따른 국가적 위기를 극복할 수 있을 것으로 기대된다.

(3) 연구범위와 내용 및 연구방법

연구의 범위는 우리나라 기초 지방자치단체를 대상으로 하여 인구구조를 기초로 하여 유형화하고 각 유형별로 필요한 지역 사회복지 행정서비스와 전달체계를 파악한 후에 이에 맞는 4차 산업혁명 기술과 연결시켜 주는 것이다.

본 연구의 내용은 우리나라 기초자치단체의 인구구조 변화와 인구 감소 현상을 분석하고 이에 대한 지방행정체계 및 지역사회복지 전달체계 개편을 위한 연구이며 이 과정에서 4차 산업혁명 기술과 연계하기 위한 전략을 제시한다. 따라서 연구의 내용은 다음을 포함한다. 첫째, 지역의 인구구조에 따른 지역을 유형화하고 지자체의 유형별 특성을 제시하고 전체 유형들을 단순화하여 몇 개의 지자체-페르소나(persona)로 재구성한다. 지자체-페르소나에서는 인구의 규모, 증감, 전망, 주요 연령대를 포함하는 인구구조를 통해서 분석을 진행하고자 한다. 둘째, 유형화된 지차제의 맞춤형 행정서비스를 도출하는 모델을 개발하며, 이러한 모델을 구현하기 위한 국내외 사례나 적용 가능성 검토를 한 후에 이를 통하여 지역 사회복지 행정서비스 구현에 필요한 4차 산업혁명기술을 파악한다. 여기에는 복지전달체계를 지자체별 인구구조에 따라서 교통복지, 노인복지 등으로 다양화하고자 한다. 셋째, 지자체 맞춤형 지역 사회복지 행정서비스 도출을 위한 4차 산업혁명 기술을 연구한다. 여기에서는 지역 사회복지 행정서비스별 4차 산업혁명기술을 검토하고 지역 사회복지 행정서비스 관련 빅데이터 현황 및 유형을 검토하고 구체적인 사례 연구에 기반을 둔 4차 산업혁명 기술을 제시한다. 넷째, 지자체 특성에 부합하는 지역 사회복지 행정서비스 맞춤형 4차 산업혁명 기술 도입 모델을 제시한다. 여기에서는 유형화된 지자체의 맞춤형 복지행정서비스를 도출하는 매트릭스 모델 개발, 지자체 맞춤형 지역사회복지 행정서비스 도출을 위한 4차 산업혁명 기술과 도입 전략, 4차 산업혁명 기술 도입 전달 체계와 4차 산업혁명 기술 도입에 따른 쟁점 이슈를 다루어 줌을 통해서 이러한 모델이 구체화될 수 있는 기초 연구로서의 역할을 하고자 한다.

본 연구의 방법은 다음과 같은 내용을 포함한다. 첫째, 인구학, 사회복지학, 지방행정학 분야 간 학제적 연구로서 수행한다. 둘째, 빅데이터 분석을 통한 지자체-페르소나를 구성하여 이를 활용한다. 셋째, 4차 산업혁명 기술에 대한 분석 및 지자체에 응용 시스템 설계를 활용한다. 넷째, 기초자치단체별 인구 구조 변화에 대한 시뮬레이션 분석을 실시한다. 다섯째, 지자체 인구구조변화 및 지방소멸위험성 분류 등을 통한 지방소멸에 대한 시뮬레이션을 실시한다. 여섯째, 지자체 인구구조 변화 및 지방소멸에 대응한 지방행정체계 및 지역사회복지전달체계 개편에 관한 사례조사 및 분석을 실시한다. 일곱째, 인구 감소 등에 대응한 지역사회복지전달체계 개편에 관한 국내 지방자치단체 사례조사 및 분석을 실시한다. 여덟째, 지역사회복지전달체계 개편과 관련된 4차 산업혁명기술 도입을 위한 시스템 설계는 그림 8과 같다. 이 내용이 교통복지가 된다면 무인자동차 시스템 도입을 위한 복지전달체계 개편을 위한 모듈로 구성될 것이다. 또한 지자체 공무원 정원 조정 및 재구조화나 복지 분야 전자정부와 관련된 4차 산업혁명기술 도입의 경우에는 블록체인 기술 도입이나 무인시스템과 챗봇 도입을 위한 시스템으로 구성될 것이다.

그림 8 시스템 예시-노인복지 관련

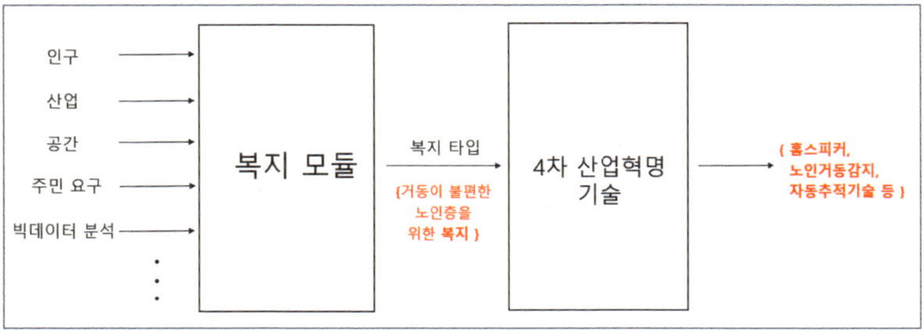

(4) 인구구조에 따른 지방자치단체의 유형 단순화

① 지역의 인구구조에 따른 지자체의 유형별 특성

본 연구에서 인구구조에 따른 지역의 유형화의 기준이 되는 통계는 우리나라 기초자치단체의 현재 인구규모, 2035년의 인구전망, 2000년 이후의 평균인구성장률, 2035년까지의 인구증가율, 중위연령, 고령인구비율, 농가인구비율, 제조업인구비율, 서비스업 인구비율로 구성된다. 이들을 기초로 하여 지역을 유형화하고 각 유형별 특성은 표 2를 통해서 보여준다.

표 3은 앞에서 제시된 지자체 유형화의 변수들 간의 상관분석의 결과이다. 이를 살펴보면 고령인구비율과 농가인구비율과 중위연령은 상관성이 높은 것으로 나타나고 있다. 그리고 이들은 2035년 인구규모에 부정적인 영향을 주는 것으로 나타난다. 제조업의 비율의 경우는 2000년도 이후뿐만 아니라 2035년까지의 인구증가율과 상관성이 있는 것으로 나타난다. 반면에 현재까지 인구증가나 2035년까지의 인구증가에 서비스업은 상관성이 그리 높지 않은 것으로 나타난다. 제조업이나 서비스업 인구비

표 2 인구유형화를 위한 자치단체별 자료(계속)

번호	지자체별 구분	광역자치단체	기초자치단체	인구 (2018)	인구전망 (2035)	평균 인구증가율 (2000-2017)	인구증가율 (2018-2035)	중위연령 (2015)	고령 인구비율 (2018)	농가 인구비율 (2017)	제조업 인구비율 (2015)	서비스업 인구비율* (2016)
1	100	전국	전국	51,826,059	52,834,352	0.58	1.95	41.7	14.76	4.67	6.53	3.95
2	10	서울	서울시	9,765,623	9,264,390	−0.14	−5.13	40.5	14.44	0.10	1.18	9.10
3	1	서울	종로구	153,065	133,695	−0.81	−12.65	41.6	17.36	0.10	2.25	27.04
4	1	서울	중구	125,725	108,683	−0.39	−13.55	42.3	17.30	0.10	3.71	61.42
5	1	서울	용산구	228,999	201,242	−0.10	−12.12	41.4	16.25	0.10	0.47	10.44
6	1	서울	성동구	308,221	292,299	−0.52	−5.17	40.3	13.83	0.10	4.90	9.31
7	1	서울	광진구	355,559	327,807	−0.32	−7.81	38.8	12.78	0.10	0.59	3.92
8	1	서울	동대문구	348,052	328,229	−0.25	−5.70	40.4	16.37	0.10	1.05	4.53
9	1	서울	중랑구	403,209	386,348	−0.62	−4.18	42.0	15.31	0.10	1.37	1.00
10	1	서울	성북구	435,868	387,682	−0.09	−11.06	40.2	15.52	0.10	0.42	1.97
11	1	서울	강북구	319,164	291,726	−0.42	−8.60	43.2	18.20	0.10	0.62	1.15
12	1	서울	도봉구	339,413	316,256	−0.42	−6.82	42.6	16.48	0.10	0.37	1.08
13	1	서울	노원구	543,752	496,663	−0.74	−8.66	40.7	14.17	0.10	0.25	1.35
14	1	서울	은평구	483,197	469,173	0.26	−2.90	41.5	15.99	0.10	0.19	0.71
15	1	서울	서대문구	310,313	305,016	−0.80	−1.71	40.5	16.13	0.10	0.30	4.20
16	1	서울	마포구	375,077	348,876	−0.06	−6.99	38.8	13.48	0.10	0.43	13.88

번호	지자체별 구분	광역자치단체	기초자치단체	인구 (2018)	인구전망 (2035)	평균 인구증가율 (2000-2017)	인구증가율 (2018-2035)	중위연령 (2015)	고령 인구비율 (2018)	농가 인구비율 (2017)	제조업 인구비율 (2015)	서비스업 인구비율* (2016)
17	1	서울	양천구	464,185	435,898	−0.16	−6.09	41.0	12.48	0.10	0.47	1.56
18	1	서울	강서구	596,949	625,435	0.90	4.77	39.8	13.31	0.10	0.54	3.51
19	1	서울	구로구	404,497	406,922	0.52	0.60	41.1	15.11	0.10	2.23	9.21
20	1	서울	금천구	233,917	228,519	−0.34	−2.31	42.8	15.11	0.10	12.18	20.65
21	1	서울	영등포구	367,778	338,909	−0.10	−7.85	41.8	14.93	0.10	1.28	23.84
22	1	서울	동작구	396,203	392,621	−0.12	−0.90	39.2	14.96	0.10	0.18	4.62
23	1	서울	관악구	501,957	470,477	−0.05	−6.27	38.2	14.32	0.10	0.42	2.31
24	1	서울	서초구	433,951	433,007	0.62	−0.22	39.4	12.60	0.10	0.69	26.05
25	1	서울	강남구	542,364	540,205	0.07	−0.40	39.4	12.35	0.10	1.65	33.75
26	1	서울	송파구	666,635	601,607	0.08	−9.75	39.6	12.18	0.10	0.68	7.40
27	1	서울	강동구	427,573	397,095	−0.70	−7.13	40.9	13.72	0.10	0.62	3.55
28	10	부산	부산시	3,441,453	3,205,714	−0.48	−6.85	43.6	17.14	0.56	4.20	3.47
29	1	부산	중구	42,795	37,156	−1.45	−13.18	47.4	24.26	0.43	0.18	19.64
30	1	부산	서구	110,534	91,391	−1.93	−17.32	47.3	22.80	0.43	1.71	2.03
31	1	부산	동구	86,912	72,886	−2.03	−16.14	48.3	24.63	0.43	0.70	14.93
32	1	부산	영도구	120,109	94,244	−2.28	−21.53	46.6	24.20	0.43	4.52	2.67
33	1	부산	부산진구	362,357	326,488	−0.83	−9.90	42.8	17.83	0.43	0.65	5.82

번호	지자체별 구분	광역자치단체	기초자치단체	인구 (2018)	인구전망 (2035)	평균 인구증가율 (2000–2017)	인구증가율 (2018–2035)	중위연령 (2015)	고령 인구비율 (2018)	농가 인구비율 (2017)	제조업 인구비율 (2015)	서비스업 인구비율* (2016)
34	1	부산	동래구	266,515	247,719	−0.59	−7.05	43.8	16.61	0.43	0.40	3.90
35	1	부산	남구	279,917	240,300	−0.43	−14.15	42.6	17.92	0.43	1.03	1.91
36	1	부산	북구	296,952	296,480	−0.04	−0.16	42.7	14.52	0.43	0.36	0.98
37	1	부산	해운대구	409,347	380,307	0.08	−7.09	42.4	15.35	0.43	1.06	3.22
38	1	부산	사하구	327,791	292,190	−0.85	−10.86	42.2	16.11	0.43	7.40	1.18
39	1	부산	금정구	242,956	223,599	−0.98	−7.97	43.3	18.27	0.43	2.63	2.12
40	1	부산	강서구	122,957	145,238	4.27	18.12	38.0	11.46	0.43	45.19	2.77
41	1	부산	연제구	207,840	183,800	−0.44	−11.57	43.7	17.09	0.43	0.72	6.18
42	1	부산	수영구	176,246	169,273	−0.13	−3.96	44.7	19.17	0.43	0.44	2.40
43	1	부산	사상구	223,361	191,981	−1.52	−14.05	42.3	15.36	0.43	10.39	3.41
44	3	부산	기장군	164,864	212,662	4.82	28.99	38.9	14.59	2.72	8.01	1.46
45	10	대구	대구시	2,461,769	2,314,771	−0.09	−5.97	41.6	14.74	1.72	4.41	2.80
46	1	대구	중구	79,401	74,937	−0.84	−5.62	43.8	19.60	1.15	0.91	9.58
47	1	대구	동구	351,291	346,068	0.22	−1.49	42.9	17.55	1.15	0.98	3.40
48	1	대구	서구	184,372	163,080	−2.29	−11.55	45.5	19.43	1.15	6.99	2.38
49	1	대구	남구	150,501	139,226	−1.43	−7.49	45.2	21.37	1.15	0.13	4.65
50	1	대구	북구	439,489	392,815	0.49	−10.62	39.6	12.95	1.15	3.05	1.93

번호	지자체별 구분	광역자치단체	기초자치단체	인구 (2018)	인구전망 (2035)	평균 인구증가율 (2000-2017)	인구증가율 (2018-2035)	중위연령 (2015)	고령 인구비율 (2018)	농가 인구비율 (2017)	제조업 인구비율 (2015)	서비스업 인구비율* (2016)
51	1	대구	수성구	432,759	398,341	−0.25	−7.95	42.1	14.12	1.15	0.19	3.48
52	1	대구	달서구	573,413	531,840	−0.06	−7.25	40.0	12.38	1.15	7.98	2.12
53	3	대구	달성군	250,543	268,464	2.84	7.15	39.9	11.48	5.60	12.47	0.93
54	10	인천	인천시	2,954,642	3,186,661	0.95	7.85	40.0	12.27	1.02	6.00	2.29
55	1	인천	중구	122,499	163,716	3.10	33.65	40.5	14.27	0.37	6.28	7.04
56	1	인천	동구	66,233	64,114	−0.44	−3.20	43.2	20.01	0.37	10.55	1.35
57	1	인천	연수구	346,359	418,357	0.07	20.79	38.4	9.02	0.37	2.25	3.25
58	1	인천	남동구	537,161	562,591	1.61	4.73	39.2	11.59	0.37	12.30	2.73
59	1	인천	부평구	524,640	497,532	1.72	−5.17	40.3	12.66	0.37	5.14	1.57
60	1	인천	계양구	312,680	285,473	0.05	−8.70	39.6	10.59	0.37	2.15	2.01
61	1	인천	서구	538,596	662,287	−0.19	22.97	38.1	9.28	0.37	7.80	1.29
62	3	인천	강화군	68,896	80,628	2.54	17.03	53.7	15.08	23.39	2.21	0.44
63	3	인천	옹진군	21,036	25,689	0.20	22.12	49.1	30.70	13.50	0.00	0.74
64	1	인천	미추홀구	416,542	426,274	2.63	2.34	41.4	23.60	0.37	2.77	2.48
65	10	광주	광주시	1,459,336	1,457,552	0.45	−0.12	38.5	12.83	1.83	4.32	3.07
66	1	광주	동구	94,475	91,776	−1.44	−2.86	43.3	21.53	1.23	0.17	9.12
67	1	광주	서구	304,172	293,896	0.42	−3.38	39.5	12.65	1.23	2.53	4.49

번호	지자체별 구분	광역자치단체	기초자치단체	인구 (2018)	인구전망 (2035)	평균 인구증가율 (2000-2017)	인구증가율 (2018-2035)	중위연령 (2015)	고령 인구비율 (2018)	농가 인구비율 (2017)	제조업 인구비율 (2015)	서비스업 인구비율* (2016)
68	1	광주	남구	216,369	219,143	−0.30	1.28	41.1	16.03	1.23	0.34	1.80
69	1	광주	북구	439,773	434,013	−0.41	−1.31	38.8	13.37	1.23	3.25	2.96
70	1	광주	광산구	404,547	418,724	2.95	3.50	35.8	8.63	2.18	9.91	1.37
71	10	대전	대전시	1,489,936	1,560,000	0.53	4.70	38.6	12.65	1.56	2.74	5.47
72	1	대전	동구	229,071	222,000	−0.43	−3.09	39.9	16.88	1.56	0.45	2.51
73	1	대전	중구	244,421	249,000	−0.39	1.87	42.2	17.03	1.56	0.38	4.69
74	1	대전	서구	484,663	501,000	0.16	3.37	38.2	11.19	1.56	0.23	4.99
75	1	대전	유성구	349,790	408,000	4.85	16.64	35.0	8.35	1.56	4.26	9.98
76	1	대전	대덕구	181,991	180,000	−1.19	−1.09	40.3	13.63	1.56	12.53	2.85
77	10	울산	울산시	1,155,623	1,177,000	0.75	1.85	38.9	10.72	2.65	14.37	2.97
78	1	울산	중구	231,973	236,264	0.22	1.85	40.2	12.68	1.16	0.34	2.04
79	1	울산	남구	330,732	336,850	0.08	1.85	39.1	10.22	1.16	7.78	5.24
80	1	울산	동구	164,642	167,688	−0.47	1.85	38.2	10.19	1.16	29.60	2.02
81	1	울산	북구	206,434	210,253	3.08	1.85	36.3	7.26	1.16	24.10	1.93
82	3	울산	울주군	221,842	225,946	1.90	1.85	40.2	13.05	7.74	18.53	2.21
83	30	세종	세종시	314,126	512,000	20.12	62.99	36.7	9.29	4.72	5.16	2.43
84	20	경기	경기도	13,077,153	13,970,453	2.12	6.83	39.3	11.87	2.42	9.50	3.17

번호	지자체별 구분	광역자치단체	기초자치단체	인구 (2018)	인구전망 (2035)	평균 인구증가율 (2000-2017)	인구증가율 (2018-2035)	중위연령 (2015)	고령 인구비율 (2018)	농가 인구비율 (2017)	제조업 인구비율 (2015)	서비스업 인구비율* (2016)
85	2	경기	수원시	1,201,166	1,377,451	1.58	14.68	37.5	9.76	0.75	3.32	6.49
86	2	경기	성남시	954,347	972,584	0.35	1.91	40.3	12.58	0.31	4.30	6.22
87	2	경기	의정부시	447,026	438,692	1.23	−1.86	41.5	13.74	0.75	1.51	1.50
88	2	경기	안양시	576,831	555,414	0.12	−3.71	40.2	11.73	0.30	5.94	6.32
89	2	경기	부천시	843,768	795,610	0.67	−5.71	40.1	11.58	0.32	8.65	2.46
90	2	경기	광명시	326,841	301,044	0.03	−7.89	39.4	12.20	0.59	4.60	1.42
91	2	경기	평택시	495,642	555,071	2.01	11.99	38.8	11.80	4.48	16.03	2.72
92	2	경기	동두천시	96,226	102,206	1.60	6.21	42.3	18.39	2.10	5.84	0.35
93	2	경기	안산시	660,343	637,712	1.45	−3.43	38.7	9.49	0.77	19.13	3.63
94	2	경기	고양시	1,044,189	1,145,093	1.64	9.66	40.8	12.12	1.57	2.92	1.97
95	2	경기	과천시	58,142	48,182	−1.15	−17.13	41.8	13.35	1.95	0.62	8.86
96	2	경기	구리시	203,553	194,591	1.04	−4.40	40.5	11.69	0.79	2.06	2.16
97	2	경기	남양주시	681,828	771,882	3.77	13.21	40.0	12.71	2.27	4.40	0.50
98	2	경기	오산시	220,070	249,288	4.47	13.28	36.0	8.45	1.67	4.56	2.86
99	2	경기	시흥시	448,687	401,488	2.02	−10.52	38.4	8.37	1.08	20.57	1.31
100	2	경기	군포시	276,916	275,287	0.36	−0.59	38.9	11.45	0.39	9.50	3.90
101	2	경기	의왕시	153,932	160,998	1.56	4.59	40.1	12.44	1.28	5.99	4.80

번호	지자체별 구분	광역자치단체	기초자치단체	인구 (2018)	인구전망 (2035)	평균 인구증가율 (2000-2017)	인구증가율 (2018-2035)	중위연령 (2015)	고령 인구비율 (2018)	농가 인구비율 (2017)	제조업 인구비율 (2015)	서비스업 인구비율* (2016)
102	2	경기	하남시	254,415	300,462	4.03	18.10	41.4	11.91	1.52	3.34	1.03
103	2	경기	용인시	1,035,126	1,139,229	5.86	10.06	38.4	12.08	1.74	5.58	3.54
104	2	경기	파주시	451,848	516,844	5.14	14.38	38.7	12.81	4.33	16.00	1.13
105	2	경기	이천시	214,206	227,899	1.05	6.39	38.5	13.07	9.36	15.69	4.44
106	2	경기	안성시	183,579	202,671	2.03	10.40	39.6	15.97	11.52	20.13	2.08
107	2	경기	김포시	423,170	524,076	5.55	23.85	38.6	11.47	3.23	15.82	0.68
108	2	경기	화성시	758,722	884,937	8.07	16.64	36.2	8.37	4.23	27.70	4.70
109	2	경기	광주시	363,782	430,753	5.43	18.41	39.3	11.78	3.04	12.47	0.79
110	2	경기	양주시	216,951	219,978	2.52	1.40	40.7	14.34	5.00	15.90	0.95
111	2	경기	포천시	150,676	156,334	0.31	3.76	42.1	17.46	9.50	26.20	1.08
112	2	경기	여주시	111,525	124,804	0.66	11.91	43.7	19.69	17.92	7.04	1.97
113	3	경기	연천군	44,633	47,252	-0.77	5.87	47.5	23.77	17.32	5.70	0.45
114	3	경기	가평군	62,918	71,576	0.77	13.76	48.5	23.53	15.35	2.39	1.20
115	3	경기	양평군	116,095	141,045	2.03	21.49	48.0	23.17	14.91	1.19	0.66
116	20	강원	강원도	1,543,052	1,583,246	0.03	2.60	42.4	18.75	10.43	2.19	2.20
117	2	강원	춘천시	280,640	290,639	0.71	3.56	41.4	16.22	4.67	1.21	2.11
118	2	강원	원주시	344,070	362,204	1.43	5.27	40.8	13.72	5.75	3.86	3.21

번호	지자체별 구분	광역자치단체	기초자치단체	인구 (2018)	인구전망 (2035)	평균 인구증가율 (2000-2017)	인구증가율 (2018-2035)	중위연령 (2015)	고령 인구비율 (2018)	농가 인구비율 (2017)	제조업 인구비율 (2015)	서비스업 인구비율* (2016)
119	2	강원	강릉시	212,957	205,433	−0.47	−3.53	43.5	19.35	6.77	1.66	2.09
120	2	강원	동해시	91,272	89,616	−0.64	−1.81	43.9	18.11	6.15	2.26	1.51
121	2	강원	태백시	44,858	41,279	−1.24	−7.98	46.4	22.16	3.32	1.35	2.80
122	2	강원	속초시	81,682	78,852	−0.47	−3.46	44.6	17.08	3.21	1.18	1.21
123	2	강원	삼척시	68,326	64,444	−0.99	−5.68	45.5	22.66	13.64	1.01	2.15
124	3	강원	홍천군	69,949	77,056	−0.27	10.16	48.4	23.45	24.30	2.46	2.16
125	3	강원	횡성군	46,726	54,588	0.10	16.83	51.4	26.63	27.74	6.29	1.14
126	3	강원	영월군	39,730	43,421	−1.00	9.29	51.8	26.85	20.68	3.35	1.28
127	3	강원	평창군	42,610	45,853	−0.46	7.61	50.3	25.05	24.12	1.05	2.59
128	3	강원	정선군	37,700	37,856	−1.57	0.41	49.9	25.22	18.03	0.93	5.33
129	3	강원	철원군	46,413	46,556	−0.61	0.31	43.4	20.39	23.59	1.42	0.53
130	3	강원	화천군	25,084	27,640	0.27	10.19	41.2	20.19	18.42	0.96	0.67
131	3	강원	양구군	23,408	25,603	0.17	9.38	41.5	18.47	19.56	0.86	0.74
132	3	강원	인제군	32,136	33,937	−0.12	5.60	43.3	18.71	20.80	1.23	1.05
133	3	강원	고성군	28,144	29,383	−0.81	4.40	47.1	26.35	19.46	1.64	1.57
134	3	강원	양양군	27,347	28,886	−0.55	5.63	52.0	27.63	25.44	2.04	1.21
135	20	충북	충청북도	1,599,252	1,733,101	0.48	8.37	42.2	16.37	10.84	9.36	2.47

번호	지자체별 구분	광역자치단체	기초자치단체	인구 (2018)	인구전망 (2035)	평균 인구증가율 (2000–2017)	인구증가율 (2018-2035)	중위연령 (2015)	고령 인구비율 (2018)	농가 인구비율 (2017)	제조업 인구비율 (2015)	서비스업 인구비율* (2016)
204	2	경북	김천시	141,104	157,965	−0.21	11.95	45.8	21.49	21.42	7.75	3.44
205	2	경북	안동시	162,180	164,861	−0.54	1.65	44.9	22.72	17.82	1.36	1.32
206	2	경북	구미시	421,494	414,351	1.34	−1.69	35.7	8.41	5.04	21.14	2.50
207	2	경북	영주시	106,801	103,390	−1.06	−3.19	47.4	24.66	17.39	3.74	0.96
208	2	경북	영천시	101,595	101,227	−0.86	−0.36	49.4	26.42	22.00	13.58	1.40
209	2	경북	상주시	100,297	98,010	−1.19	−2.28	51.8	29.01	29.61	2.55	0.93
210	2	경북	문경시	71,874	72,545	−1.13	0.93	50.6	28.28	22.12	3.13	0.61
211	2	경북	경산시	261,093	273,730	1.29	4.84	38.7	15.35	7.15	10.42	1.41
212	3	경북	군위군	23,919	26,777	−1.61	11.95	57.8	37.56	33.35	6.79	0.71
213	3	경북	의성군	52,944	50,832	−2.03	−3.99	58.6	38.85	39.45	2.34	0.56
214	3	경북	청송군	25,678	26,679	−1.56	3.90	56.2	34.88	43.87	0.31	0.46
215	3	경북	영양군	17,356	17,328	−1.50	−0.16	55.8	35.05	40.95	0.45	0.51
216	3	경북	영덕군	38,108	37,393	−1.46	−1.88	55.8	34.87	24.31	1.44	0.70
217	3	경북	청도군	43,057	47,278	−1.00	9.80	55.7	35.24	35.30	3.78	0.74
218	3	경북	고령군	32,969	34,730	−0.42	5.34	49.9	28.45	24.05	18.66	0.55
219	3	경북	성주군	44,672	47,925	−0.55	7.28	52.8	29.42	31.96	11.20	0.67
220	3	경북	칠곡군	118,828	127,928	0.99	7.66	38.1	14.05	9.93	15.94	0.94

번호	지자체별 구분	광역자치단체	기초자치단체	인구 (2018)	인구전망 (2035)	평균 인구증가율 (2000-2017)	인구증가율 (2018-2035)	중위연령 (2015)	고령 인구비율 (2018)	농가 인구비율 (2017)	제조업 인구비율 (2015)	서비스업 인구비율* (2016)
221	3	경북	예천군	53,274	46,593	−1.06	−12.54	56.0	29.80	31.33	0.94	0.24
222	3	경북	봉화군	32,843	33,266	−1.43	1.29	55.6	33.61	35.73	3.90	0.51
223	3	경북	울진군	50,036	50,306	−1.38	0.54	49.3	26.13	18.16	1.51	1.34
224	3	경북	울릉군	9,832	9,957	−0.03	1.27	50.2	23.29	10.57	0.74	1.24
225	20	경남	경상남도	3,373,988	3,404,800	0.63	0.91	41.5	15.51	8.15	13.03	2.07
226	2	경남	진주시	345,987	361,200	0.15	4.40	40.9	15.39	9.89	4.42	2.23
227	2	경남	통영시	133,720	130,200	0.11	−2.63	42.3	17.08	6.05	8.49	1.00
228	2	경남	사천시	113,888	107,700	−0.10	−5.43	43.4	19.88	12.49	16.62	0.84
229	2	경남	김해시	533,672	522,100	2.78	−2.17	38.3	10.07	3.80	17.69	1.50
230	2	경남	밀양시	106,744	111,400	−0.72	4.36	50.0	25.82	21.78	8.28	1.00
231	2	경남	거제시	250,516	287,800	2.41	14.88	36.5	9.36	4.86	23.84	4.00
232	2	경남	양산시	348,639	428,400	3.43	22.88	39.6	11.95	1.64	14.41	1.10
233	2	경남	창원시	1,053,601	969,100	−0.09	−8.02	40.3	12.49	2.73	12.48	3.07
234	3	경남	의령군	27,667	25,500	−1.11	−7.83	55.1	34.64	27.95	6.86	0.51
235	3	경남	함안군	67,025	71,200	0.57	6.23	44.5	22.12	17.51	34.19	1.26
236	3	경남	창녕군	63,396	67,500	−0.55	6.47	51.5	28.45	22.98	13.69	0.94
237	3	경남	고성군	53,243	51,500	−0.80	−3.27	49.8	28.47	24.86	11.25	1.13

번호	지자체별 구분	광역자치단체	기초자치단체	인구 (2018)	인구전망 (2035)	평균 인구증가율 (2000-2017)	인구증가율 (2018-2035)	중위연령 (2015)	고령 인구비율 (2018)	농가 인구비율 (2017)	제조업 인구비율 (2015)	서비스업 인구비율* (2016)
238	3	경남	남해군	43,990	40,500	−1.56	−7.93	55.5	36.17	30.85	2.24	0.63
239	3	경남	하동군	47,533	48,800	−1.05	2.67	53.7	31.24	30.63	2.76	2.05
240	3	경남	산청군	35,952	38,700	−0.60	7.64	55.1	33.63	32.20	4.49	0.69
241	3	경남	함양군	40,044	38,600	−0.80	−3.61	53.4	31.52	31.94	4.78	0.59
242	3	경남	거창군	62,455	60,800	−0.58	−2.65	48.6	25.96	24.05	4.03	0.83
243	3	경남	합천군	45,916	44,000	−1.47	−4.17	56.5	37.22	29.26	3.08	0.57
244	30	제주	제주도	667,191	785,641	1.32	17.75	40.8	14.42	12.96	1.66	2.45
245	2	제주	제주시	485,946	572,638	3.62	17.84	39.6	13.13	10.54	1.81	3.01
246	2	제주	서귀포시	181,245	213,003	6.02	17.52	44.2	17.87	19.43	1.27	0.92

자료: 국가통계포털(http://kosis.kr/index/index.do), 시 · 군 · 구 장래인구추계 작성 프로그램(KOSTAT-SPP), 고용노동통계(http://laborstat.moel.go.kr), *서비스업은 전문, 과학 및 기술 서비스업과 사업시설관리 및 사업지원서비스업으로 한정함.

표 3 인구유형화를 위한 전체 기초자치단체 자료 간 상관관계분석

전체 기초자치단체	인구 (2018)	인구전망 (2035)	평균 인구증가율 (2000-2017)	인구증가율 (2018-2035)	중위연령 (2015)	고령 인구비율 (2018)	농가 인구비율 (2017)	제조업 인구비율 (2015)	서비스업 인구비율 (2016)
인구(2018)	1	.978**	.374**	-.007	-.651**	-.677**	-.626**	.038	.142*
인구전망(2035)	.978**	1	.443**	.107	-.623**	-.643**	-.577**	.042	.124
평균인구증가율 (2000-2017)	.374**	.443**	1	.652**	-.542**	-.552**	-.352**	.296**	-.012
인구증가율 (2018-2035)	-.007	.107	.652**	1	-.102	-.100	.138*	.265**	-.198**
중위연령(2015)	-.651**	-.623**	-.542**	-.102	1	.964**	.869**	-.264**	-.225**
고령인구비율 (2018)	-.677**	-.643**	-.552**	-.100	.964**	1	.880**	-.222**	-.223**
농가인구비율 (2017)	-.626**	-.577**	-.352**	.138*	.869**	.880**	1	-.034	-.328**
제조업인구비율 (2015)	.038	.042	.296**	.265**	-.264**	-.222**	-.034	1	-.095
서비스업인구비율 (2016)	.142*	.124	-.012	-.198**	-.225**	-.223**	-.328**	-.095	1

$^{*}p<.05$, $^{**}p<.01$.

율은 고령화와는 음의 상관관계가 있는 것으로 나타난다.

표 4는 같은 지자체 유형화를 위한 기초자치단체 자료 간의 상관관계 분석 중에서 자치구만을 가지고 분석을 한 것이다. 자치구에서도 현재의 중위연령과 고령인구비율은 인구전망이나 앞으로의 인구증가율과 음의 상관관계를 보이고 있다. 제조업인구비율은 앞으로의 인구증가율과 양의 상관관계를 보이는 반면에 자치구 단위에서 서비스업인구비율은 다른 변수들과 상관관계가 없는 것으로 나타난다.

표 5는 같은 지자체 유형화를 위한 기초자치단체 자료 간의 상관관계 분석 중에서 시를 대상으로 분석을 한 것이다. 현재 제조업의 인구비율은 현재까지의 인구성장률과 앞으로의 인구성장률과 양의 상관관계를 보이

표 4 인구유형화를 위한 기초자치단체(자치구) 자료 간 상관관계분석

전체 기초자치단체	인구 (2018)	인구전망 (2035)	평균 인구증가율 (2000-2017)	인구증가율 (2018-2035)	중위연령 (2015)	고령 인구비율 (2018)	농가 인구비율 (2017)	제조업 인구비율 (2015)	서비스업 인구비율 (2016)
인구(2018)	1	.916**	.118	.104	-.513**	-.521**	-.142	-.227	-.168
인구전망(2035)	.916**	1	.257*	.280*	-.463**	-.435**	-.056	-.261*	-.130
평균인구증가율 (2000-2017)	.118	.257*	1	.814**	-.497**	-.425**	.655**	.218	-.075
인구증가율 (2018-2035)	.104	.280*	.814**	1	-.554**	-.509**	.551**	.262*	-.137
중위연령(2015)	-.513**	-.463**	-.497**	-.554**	1	.896**	-.281*	-.315**	.100
고령인구비율 (2018)	-.521**	-.435**	-.425**	-.509**	.896**	1	-.244*	-.340**	.111
농가인구비율 (2017)	-.142	-.056	.655**	.551**	-.281*	-.244*	1	.142	-.215
제조업인구비율 (2015)	-.227	-.261*	.218	.262*	-.315**	-.340**	.142	1	-.094
서비스업인구비율 (2016)	-.168	-.130	-.075	-.137	.100	.111	-.215	-.094	1

*p<.05, **p<.01.

표 5 인구유형화를 위한 기초자치단체(시) 자료 간 상관관계분석

전체 기초자치단체	인구 (2018)	인구전망 (2035)	평균 인구증가율 (2000-2017)	인구증가율 (2018-2035)	중위연령 (2015)	고령 인구비율 (2018)	농가 인구비율 (2017)	제조업 인구비율 (2015)	서비스업 인구비율 (2016)
인구(2018)	1	.991**	.399**	.179	-.551**	-.588**	-.537**	.137	.394**
인구전망(2035)	.991**	1	.467**	.282*	-.566**	-.592**	-.523**	.151	.387**
평균인구증가율 (2000-2017)	.399**	.467**	1	.716**	-.652**	-.644**	-.425**	.392**	.016
인구증가율 (2018-2035)	.179	.282*	.716**	1	-.336**	-.256*	-.015	.298**	-.093
중위연령(2015)	-.551**	-.566**	-.652**	-.336**	1	.953**	.793**	-.435**	-.374**
고령인구비율 (2018)	-.588**	-.592**	-.644**	-.256*	.953**	1	.864**	-.336**	-.411**
농가인구비율 (2017)	-.537**	-.523**	-.425**	-.015	.793**	.864**	1	-.114	-.347**
제조업인구비율 (2015)	.137	.151	.392**	.298**	-.435**	-.336**	-.114	1	.011
서비스업인구비율 (2016)	.394**	.387**	.016	-.093	-.374**	-.411**	-.347**	.011	1

*p<.05, **p<.01.

표 6 인구유형화를 위한 기초자치단체(군) 자료 간 상관관계분석

전체 기초자치단체	인구 (2018)	인구전망 (2035)	평균 인구증가율 (2000-2017)	인구증가율 (2018-2035)	중위연령 (2015)	고령 인구비율 (2018)	농가 인구비율 (2017)	제조업 인구비율 (2015)	서비스업 인구비율 (2016)
인구(2018)	1	.775**	.668**	.228*	-.564**	-.599**	-.564**	.331**	.186
인구전망(2035)	.775**	1	.667**	.423**	-.504**	-.529**	-.505**	.258*	.122
평균인구증가율 (2000-2017)	.668**	.667**	1	.654**	-.745**	-.838**	-.724**	.322**	.148
인구증가율 (2018-2035)	.228*	.423**	.654**	1	-.412**	-.479**	-.406**	.160	.186
중위연령(2015)	-.564**	-.504**	-.745**	-.412**	1	.912**	.791**	-.444**	-.325**
고령인구비율 (2018)	-.599**	-.529**	-.838**	-.479**	.912**	1	.819**	-.358**	-.346**
농가인구비율 (2017)	-.564**	-.505**	-.724**	-.406**	.791**	.819**	1	-.246*	-.400**
제조업인구비율 (2015)	.331**	.258*	.322**	.160	-.444**	-.358**	-.246*	1	.215
서비스업인구비율 (2016)	.186	.122	.148	.186	-.325**	-.346**	-.400**	.215	1

*p<.05, **p<.01.

표 7 지자체-페르소나와 지방소멸위험성

지자체-페르소나	지방소멸 위험성	주요 분포지역	대표도시	인구규모 (2018)	인구전망 (2035)	연평균 인구증가율 (2000-2017)	장래 인구증가율 (2018-2035)	중위연령 (2015)	고령화 비율 (2018)	주요 산업 (2018)
초고령화 농촌 유형	고위험군	전남 경남 경북	전남 함평 경남 합천 경북 영덕	5만 명 미만	5만 명 미만	-1% 미만	-1% 미만	53세 이상	30% 이상	농업 어업
대도시 서비스 기반 유형	중위험군	서울 부산 대구	서울 중구 부산 연제 대구 중구	5만 명 이상 30만 명 미만	5만 명 이상 30만 명 미만	-2% 이상 0% 미만	-20% 이상 -5% 미만	40-50세	10-25%	서비스 산업
제조업 기반도시 유형	저위험군	경기 세종 충남	경기 화성 경기 김포 세종시 충남 아산	30만 명 이상	30만 명 이상	3% 이상	15% 이상	35-42세	8-13%	제조업 및 공공서비스

고 있다. 시 단위에서 서비스업종사 인구비율은 현재의 인구규모나 2035년의 인구규모와 양의 상관관계를 보이고 있는 점이 상당히 흥미롭다.

표 6은 같은 지자체 유형화를 위한 기초자치단체 자료 간의 상관관계 분석 중에서 군을 대상으로 분석한 것이다. 군 단위의 기초자치단체에서는 중위연령, 고령인구, 농가인구의 비율이 모두 현재인구, 인구전망, 인구증가율과 음의 상관관계를 보이고 있다. 반면에 제조업 인구비율은 현재인구, 인구전망, 현재까지 인구증가율과 양의 상관관계를 보이고 있다.

② 인구구조 유형 단순화 (지자체-페르소나(persona))를 통한 지방소멸위험성 분류

표 7과 그림 9, 10은 위의 인구분석틀을 기초로 하여 세 가지의 지자체 페르소나를 만들어서 그 특징을 나타낸 것이다. 이러한 지자체 페르소나에 대한 사회복지체계 특성을 살펴봄을 통해서 궁극적으로 어떠한 방식의 전략을 통해서 지방소멸의 위험성을 감소시킬 수 있을지를 제시한다. 그리고 표 8, 표 9, 표 10과 그림 11, 그림 12, 그림 13에서는 각 페르소나별로 속하는 대표 도시들과 그 지리적 위치를 제시한다.

각 유형별 특성을 설명하면 다음과 같다. 첫째, 초고령화 농촌 유형은 인구소멸의 위험성에 있어서 고위험군에 속하는 경우로 전남 함평, 경남 합천, 경북 영덕 등의 도시가 포함된다. 2018년에도 도시의 인구가 5만 명 미만이고, 2035년 인구전망에도 5만 명 미만인 경우이다. 2000-2017년의 연평균 인구증가율이 -1% 미만이고, 2018-2035년의 장래 인구증가율도 -1% 미만이며, 2015년의 중위연령이 53세 이상이고 2018년도의 고령화

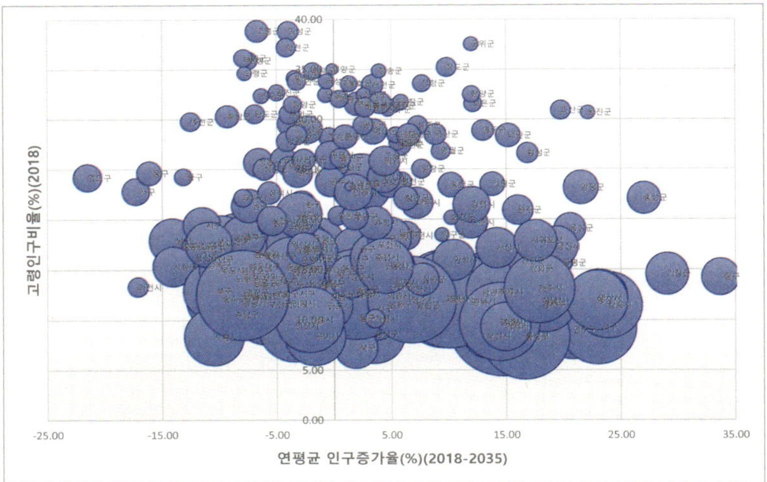

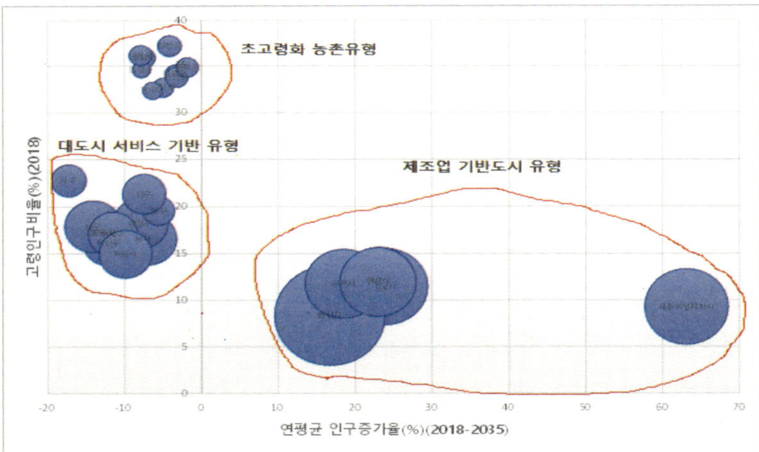

그림 9 전국 기초지자체 버블차트와 지자체-페르소나 버블차트[3)]

---

3) 버블의 지름은 2035년 예상인구이며 전국 버블차트에서 세종시는 인구증가율이 너무 큰 관계로 전국 기초지자체 버블차트에서는 제외함.

비율은 30% 이상이다. 2018년의 주요 산업은 농업과 어업으로 구성되어 있다. 이 도시들은 현재 인구가 5만 명도 되지 않으며 2000년도부터 현재까지도 인구가 감소하고 있었고 앞으로 2035년까지도 인구가 감소함으로 인해서 도시를 유지하는 것 자체가 어려운 경우인데, 이는 현재의 고령화비율이 30% 이상이기 때문에 2035년이 되면 그 비율이 더 높아져서 도시행정의 상당한 부분이 이러한 고령화 인구를 부양하는 데 사용해야 한다. 따라서 이 유형에 속하는 도시들에서 복지정책은 노인복지에 집중될 가능성이 높다. 그리고 노인복지와 관련된 4차 산업과 기술이 적용되어야 한다.

둘째, 대도시 서비스 기반 유형은 인구소멸의 위험성이 중간 정도인 경우로 서울 중구, 부산 연제구, 대구 중구와 같이 대도시 소재의 도시로 구성되어 있다. 2018년에도 도시의 인구가 5만 명 이상, 30만 명 미만이고, 2035년 인구전망에도 5만 명 이상, 30만 명 미만인 경우이다. 2000-2017년의 연평균 인구증가율이 -2% 이상, 0% 미만이고, 2018-2035년의 장래 인구증가율도 -20% 이상, -5% 미만이며, 2015년의 중위연령이 40-50세이고 2018년도의 고령화비율은 10%-25%이다. 2018년의 주요 산업은 서비스산업이다. 이 유형에 속하는 도시들은 대도시 내의 서비스산업 위주의 기초자치단체들로 구성된다. 2000년도에서 현재까지의 인구감소 경향보다 현재부터 2035년까지의 인구감소 경향이 더 클 것으로 예상되지만 도시의 인구는 5만 명 이상을 유지하고 있고 고령화의 비율이나 중위연령은 초고령화 유형보다 낮기 때문에 복지행정의 주요한 역할은 노인복지에만 집중될 필요는 없다.

그림 10 지자체-페르소나별 지리적 분포

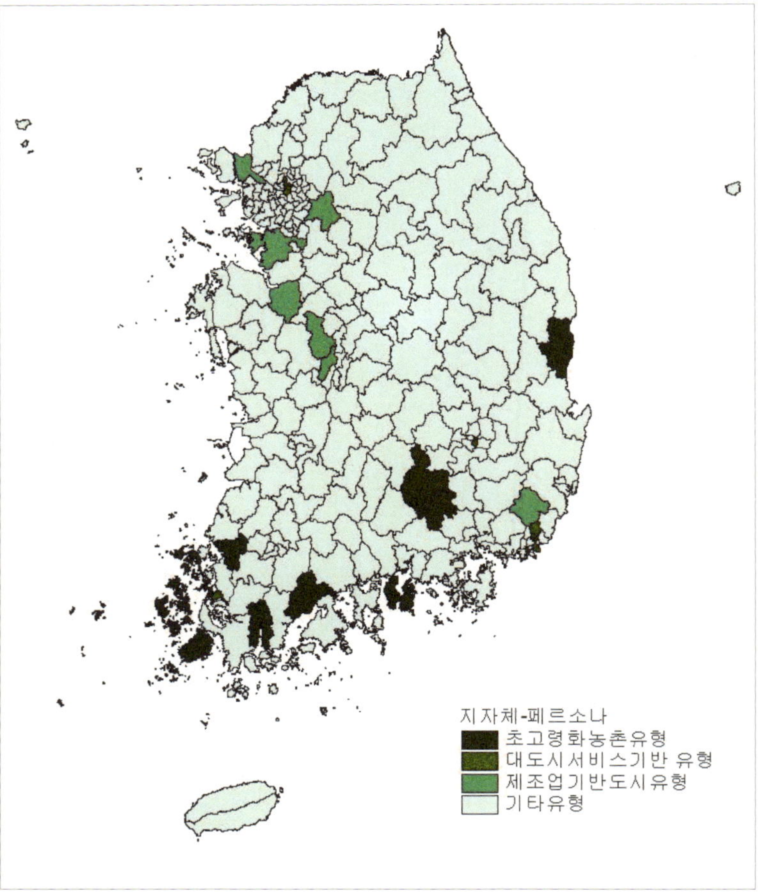

셋째, 제조업기반도시 유형은 인구소멸의 위험성이 매우 낮은 경우로 경기 화성, 경기 김포, 충남 아산과 같이 제조업을 기반으로 한 도시와 세종시와 같이 공무원으로 구성된 도시가 있다. 2018년에도 도시의 인구

표 8 초고령화 농촌 유형

광역자치단체	기초자치단체	인구(2018)	인구전망(2035)	평균 인구증가율(2000-2017)	인구증가율(2018-2035)	중위연령(2015)	고령 인구비율(2018)	농가 인구비율(2017)	제조업 인구비율(2015)	서비스업 인구비율(2016)
전라남도	보성군	42,803	39,595	-1.91	-7.49	55.5	35.92	32.89	0.66	0.53
전라남도	강진군	36,144	34,336	-1.60	-5.00	53.0	32.72	33.82	1.21	0.89
전라남도	함평군	33,420	32,274	-1.51	-3.43	54.6	34.17	35.87	3.38	0.67
전라남도	진도군	31,219	29,227	-1.44	-6.38	53.8	32.39	29.50	0.68	0.28
전라남도	신안군	41,263	39,919	-1.25	-3.26	55.9	33.83	37.40	0.87	0.26
경상북도	영덕군	38,108	37,393	-1.46	-1.88	55.8	34.87	24.31	1.44	0.70
경상남도	의령군	27,667	25,500	-1.11	-7.83	55.1	34.64	27.95	6.86	0.51
경상남도	남해군	43,990	40,500	-1.56	-7.93	55.5	36.17	30.85	2.24	0.63
경상남도	합천군	45,916	44,000	-1.47	-4.17	56.5	37.22	29.26	3.08	0.57

표 9 대도시 서비스 기반 유형

광역자치단체	기초자치단체	인구(2018)	인구전망(2035)	평균 인구증가율(2000-2017)	인구증가율(2018-2035)	중위연령(2015)	고령 인구비율(2018)	농가 인구비율(2017)	제조업 인구비율(2015)	서비스업 인구비율(2016)
서울특별시	종로구	153,065	133,695	-0.81	-12.65	41.6	17.36	0.10	2.25	27.04
서울특별시	중구	125,725	108,683	-0.39	-13.55	42.3	17.30	0.10	3.71	61.42
서울특별시	용산구	228,999	201,242	-0.10	-12.12	41.4	16.25	0.10	0.47	10.44
부산광역시	서구	110,534	91,391	-1.93	-17.32	47.3	22.80	0.43	1.71	2.03
부산광역시	동래구	266,515	247,719	-0.59	-7.05	43.8	16.61	0.43	0.40	3.90
부산광역시	남구	279,917	240,300	-0.43	-14.15	42.6	17.92	0.43	1.03	1.91
부산광역시	금정구	242,956	223,599	-0.98	-7.97	43.3	18.27	0.43	2.63	2.12
부산광역시	연제구	207,840	183,800	-0.44	-11.57	43.7	17.09	0.43	0.72	6.18
대구광역시	중구	79,401	74,937	-0.84	-5.62	43.8	19.60	1.15	0.91	9.58
대구광역시	남구	150,501	139,226	-1.43	-7.49	45.2	21.37	1.15	0.13	4.65
전라남도	목포시	232,327	209,232	-0.21	-9.94	40.5	14.99	1.48	0.62	1.53

표 10 제조업 기반도시 유형

광역자치단체	기초자치단체	인구(2018)	인구전망(2035)	평균 인구증가율(2000-2017)	인구증가율(2018-2035)	중위연령(2015)	고령 인구비율(2018)	농가 인구비율(2017)	제조업 인구비율(2015)	서비스업 인구비율(2016)
대전광역시	유성구	349,790	408,000	4.85	16.64	35.0	8.35	1.56	4.26	9.98
세종특별자치시	세종특별자치시	314,126	512,000	20.12	62.99	36.7	9.29	4.72	5.16	2.43
경기도	김포시	423,170	524,076	5.55	23.85	38.6	11.47	3.23	15.82	0.68
경기도	화성시	758,722	884,937	8.07	16.64	36.2	8.37	4.23	27.70	4.70
경기도	광주시	363,782	430,753	5.43	18.41	39.3	11.78	3.04	12.47	0.79
충청남도	아산시	312,822	384,829	3.41	23.02	35.9	12.21	6.80	24.57	1.75
경상남도	양산시	348,639	428,400	3.43	22.88	39.6	11.95	1.64	14.41	1.10

그림 11 초고령화 농촌 유형의 지리적 분포

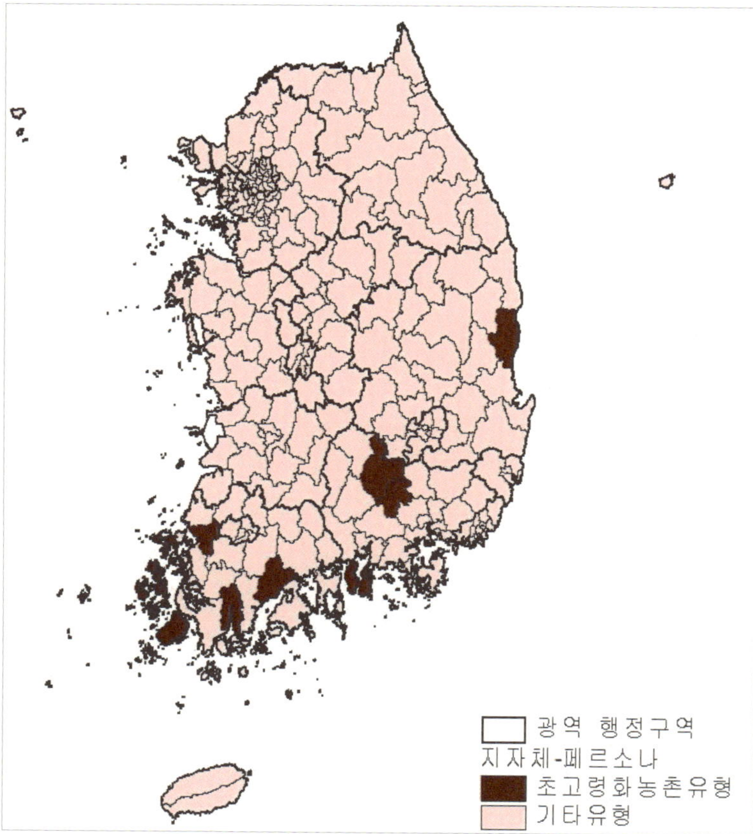

가 30만 명 이상이고 2035년 인구전망에도 30만 명 이상인 경우이다. 2000-2017년의 연평균 인구증가율이 3% 이상이고, 2018-2035년의 장래 인구증가율도 15% 이상이며, 2015년의 중위연령이 35-42세이고, 2018년도의 고령화비율은 8-13%이다. 2018년의 주요 산업은 제조업 및 공공서

그림 12 대도시 서비스 기반 유형의 지리적 분포

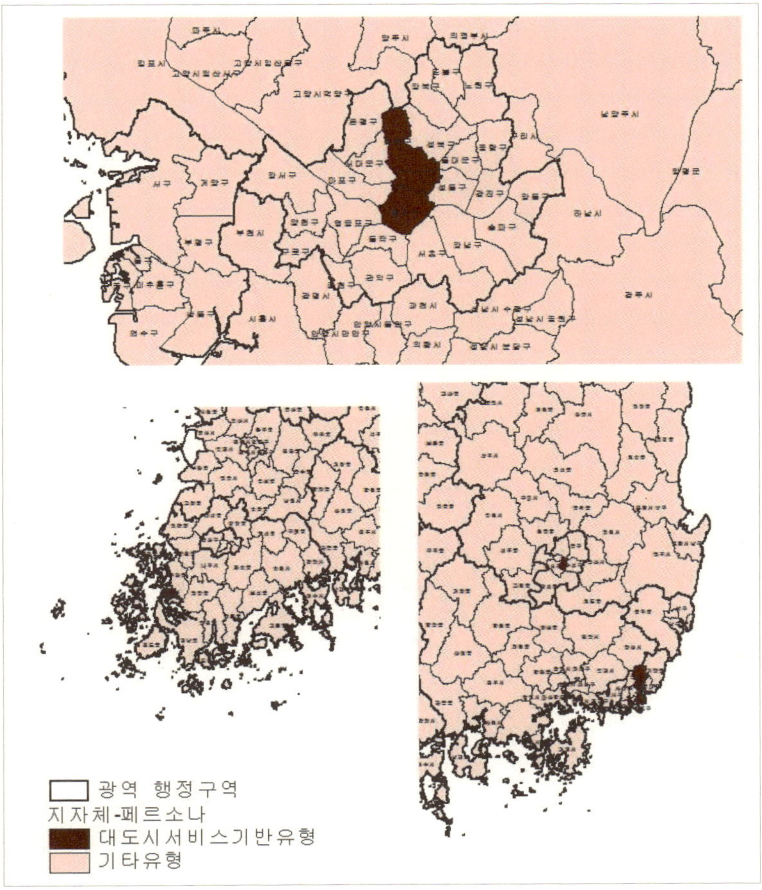

비스이다. 이 유형에 속하는 도시들은 제조업 기반이나 세종시와 같이 공무원 인구로 구성된 도시들이다. 이러한 도시들은 2000년부터 현재까지 연평균 인구증가율(3%)보다 현재부터 2035년까지의 인구증가율(15%)이

그림 13 제조업 기반도시 유형의 지리적 분포

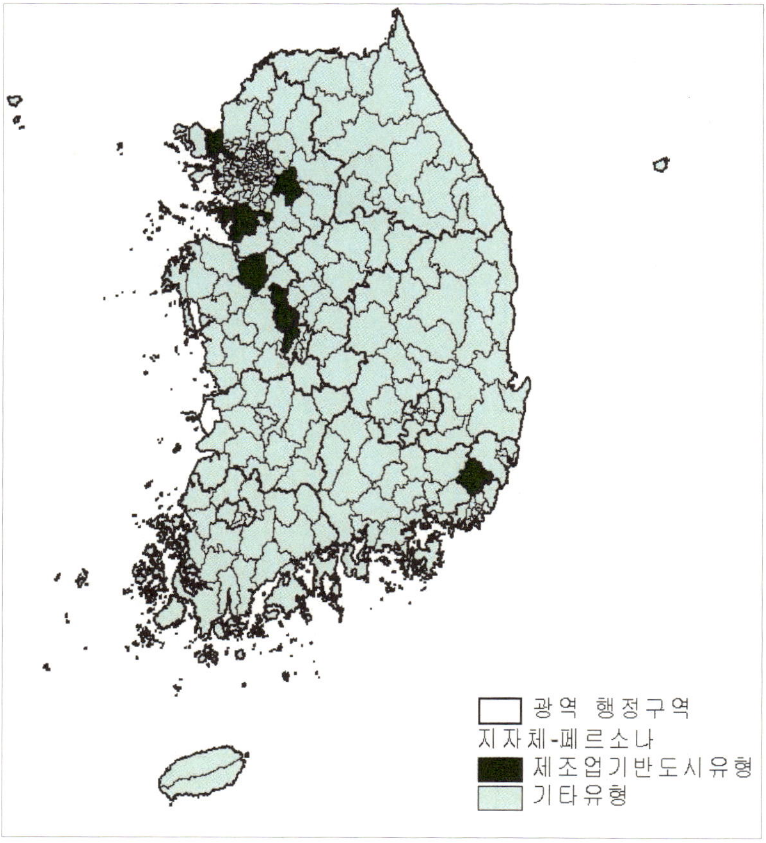

더 클 것이 예상된다. 젊은 계층으로 구성된 낮은 고령화인구비율로 인해서 이러한 도시들에서 복지행정수요는 이들 젊은 계층의 필요에 맞추어 설계할 필요가 있다.

(5) 지자체 인구구조변화 및 지방소멸위험성 대응을 위한 사회복지전달체계

① 사회복지행정의 전달체계

①-1 사회복지행정의 전달체계 개념과 원칙 및 유형

사회복지행정의 전달체계란 사회복지서비스의 공급자 간 또는 공급자와 소비자 간을 연결시키는 조직적 장치로서, 궁극적으로는 이러한 시스템을 통해 고객들의 사회적 복귀 등을 도모하는 조직적 체계이다. 즉, 공공복지정책을 통해 생산된 서비스를 개인과 가족에게 전달하기 위한 행정적 조치나 배열을 의미하는 것이다.

사회복지행정의 전달체계에는 다음과 같은 몇 가지 원칙이 있다(김영종, 2007). 첫째, 전문성의 원칙이다. 사회복지행정의 업무 중에서 적어도 핵심적 주요 업무는 반드시 전문가가 담당해야 한다는 원칙이다. 둘째, 사회복지행정의 전달체계로서 적절성의 원칙인데 사회복지서비스가 고객 등의 정신적 · 육체적 욕구라는 현실을 얼마만큼 충족시켰고 서비스의 목표는 얼마만큼 충분히 달성했는지를 나타내는 것이다. 셋째, 포괄성의 원칙은 다양한 욕구 또는 다양한 문제를 동시에 또는 순서적으로 해결하기 위해서는 다양한 서비스가 필요하다는 것을 의미한다. 예를 들면 저출산의 문제는 고령화, 결혼기피, 육아 및 자녀교육과 연계되어 있기 때문에 이러한 문제에 대한 포괄적인 해결책이 필요하다는 것이고 여기에는 다양한 전문가의 참여가 요구될 수도 있다. 넷째는 통합성의 원칙인데 이는 포괄성의 원칙과 관련하여서 주목받는 원칙이다. 일반적으로 고객들이 가진 문제는 복합적이고 상호 관련성이 높기 때문에 문제해결 서비스 역시 통합적으로 구성되어야 한다는 것이다. 다섯째, 지속성의 원칙은 한 개인이 필요로 하는 다양한 종류의 서비스를 조직 또는 지역사회 내에서 연속적이고 지속적으로 받을 수 있어야 한다는 원칙이다. 여섯째, 평등성의 원칙은 저소득층을 대상으로 하는 특별한 경우를 제외하고는 기본적으로 성별, 연령, 소득, 지역, 종교, 지위 등에 관계없이 모든 국민에게 사회복지서비스를 제공하여야 한다는 것인데 이는 선별주의보다는 보편주의에 입각한 원칙이다. 일곱째, 책임성의 원칙은 사회복지조직 자체가 국가 및 사회로부터 사회복지서비스를 전달하도록 위임받은 조직이라는 점에서, 이들 조직은 사회복지서비스의 전달에 대하여 책임을 져야 한다는 원칙이다. 여덟째, 접근성의 원칙은 고객들이 사회복지시설 등을 얼마만큼 편리하게 이용할 수 있는지를 나타내는 것으로 접근성을 저해하는 장애요인으로는 서비스에 관한 낮은 수준의 정보적 장애, 원거리 또는 교통 불편 등의 지리적 장애, 자신의 문제노출에 대한 두려움 · 수치감 등의 심리적 장애, 고객으로 선정되는 데 있어서 선정절차상의 장애, 그리고 상담자부족 등의 자원적 장애 등이 있다.

사회복지전달체계의 유형에는 세 가지 유형이 있다. 이는 공공전달체계와 민간전달체계, 그리고 혼합전달체계이다(최성재, 남기민, 2007).

공공전달체계는 보건복지부, 고용노동부, 행정안전부, 그리고 지방정부 등이 사회보험, 공공부조, 그리고 사회복지서비스 등을 수혜자에게 전달하는 방식이다. 사회보험은 중앙정부 차원에서 전달되고, 공공부조와 사회복지서비스는 중앙정부뿐만 아니라 지방정부도 전달주체가 된다. 국민연금과 건강보험과 노인장기요양보험은 보건복지부 소관이고 산하에

그림 14 사회복지 공공전달체계

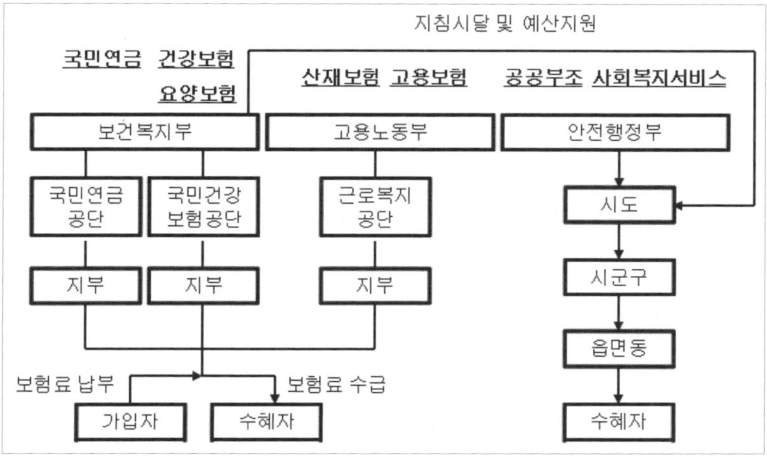

있는 국민연금공단과 국민건강보험공단의 지부를 통해 가입자는 보험료를 납부하고 수혜자는 보험료를 수급하는 구조를 갖는다. 산재보험과 고용보험은 고용노동부 소관이고 산하에 있는 근로복지공단의 지부를 통해 수혜자에게 지급된다. 공공부조와 사회복지서비스는 보건복지부의 소관임에도 불구하고 산하에 지부조직이 부재하다는 점에서 행정안전부의 지침을 받는 지자체가 담당하고 있다(그림 14 참조).

민간전달체계는 한국사회복지사협회, 사회복지협의회, 그리고 사회복지공동모금회 등이 사회복지서비스를 중심으로 수혜자에게 전달하는 체계인데 주로 노인복지, 장애인복지와 같은 사회복지서비스에 초점을 맞추어 보건복지부 등으로부터 예산을 지원받고 행정지도감독을 받는 방식이다(그림 15 참조).

그림 15 사회복지 민간전달체계

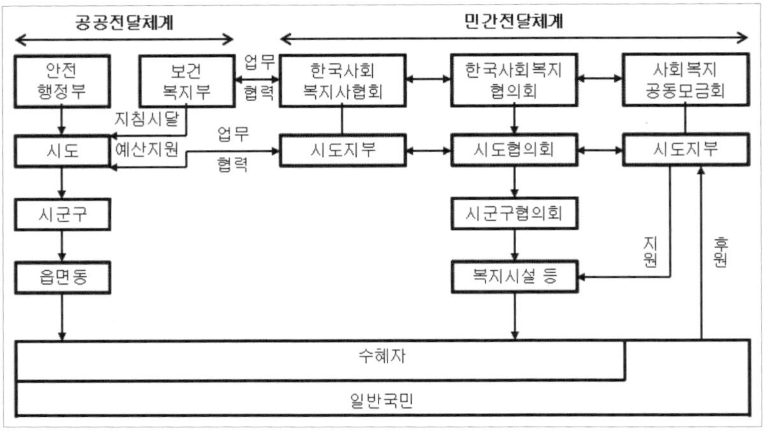

혼합전달체계는 정부가 민간보험회사와 계약을 통하여 운영되고 있는 미국의 산재보험, 정부의 일정한 규제하에서 일부에 대해 민간보험회사와의 계약을 통해 시행되고 있는 영국과 일본의 국민연금과 같은 사례들이며 여기에서는 정부와 민간이 협력하여 서비스를 제공하는 형태이다.

①-2 사회복지행정의 전달체계 문제점

사회복지행정 전달체계상에서 공공부조, 사회보험, 사회서비스는 매우 구분된 전달체계를 지니고 있고, 각각이 다른 시기에 발전해 왔으며, 공공부조와 사회보험은 지역별 격차가 크게 발생하지 않고 있다. 최근 사회복지 전달체계에서 문제 제기되는 지점은 수급권이 명확한 공공부조나 사회보험과 달리 명시적이지 않아서 전달체계상 책임주체나, 서비스 내용, 그리고 표준화된 권리실현을 보장하기 어려운 사회서비스 분야이다.

즉, 공급은 주로 민간기관의 임의성에 맡겨져 있고, 보조금 중심의 생활시설, 위수탁 중심의 이용시설, 바우처 중심의 영리시설 등이 다양하게 혼재되어 여러 가지 사회서비스 급여가 파편화, 분절화 되어 있는 문제점들이 나타나고 있다. 이에 공급의 공공성을 높이고자 하는 사회서비스원이나 전달체계의 통합성을 향상시키고자 하는 커뮤니티 케어와 같은 전달체계 개편이 현 정부의 주요한 방향이자 향후 미래사회에 대비하는 전략으로 제시되어 있다.

인구규모별 지역적 특성에 맞추어 사회복지 전달체계가 다르게 구성되어야 한다는 당위성과 함께 이러한 지역별 특성에 맞추어 주요 주체들의 전달체계를 조정하는 역할로 사회보장기본법에서는 기초 및 광역자치단별 지역사회보장계획과 지역사회보장협의체가 구성되어 공공과 민간이 함께 지역 단위 종합적 사회보장을 지원한다.

예컨대, 현재 농촌지역의 사회보장급여 전달체계의 문제는 공공부조와 사회보험이 아닌 사회서비스라고 할 수 있다. 즉, 담당하는 공무원이 부족한 것이 아니고, 정신건강, 돌봄, 상담, 재활, 고용지원, 일자리 등 사회서비스 공급자가 매우 부족하다는 것이 핵심적인 문제점이다. 이에 따라 같은 국민이지만 서비스보장급여에서 격차가 발생하고 있다. 노인층이 많은 지역의 욕구 우선순위는 방문간호사이지 공공의 상담 전문 인력이 아니다. 또한 광역단위에서는 서비스 조정이나 제공 기능이 현재로서는 전무하다. 따라서 사회서비스 공공인프라(사회서비스원)를 통해 고비용구조를 떠맡는 정책이 필요하다. 현재 공무원 증대 및 기능중복 해소는 지역단위 정책결정이 아닌 중앙단위의 문제이다. 복지급여의 비효율성과 중복 문제를 해결하기 위해서는 중앙부처별 사업과 재정의 조정이 필요하다.

무엇보다 인구변화와 기술변화 미래예측에 따른 전달체계 개편이 필요하고 플랫폼, 노동과 이주 그리고 시민권의 변화와 관련된 사회보장 급여의 종류와 권리성에 대한 논의가 사회복지 전달체계 개편에서도 다루어져야 한다. 즉, 무엇을 누구에게 줄 때, 어떻게 전달할 것인가, 그리고 여기에 IT 기술, 블록체인, GIS, 빅데이터 등은 지역 유형에 따라 차별화된 접근이 있어야 하고 각 기술이 적용되는 구체적 전달체계 요소를 고려할 필요가 있다. 이와 함께, 수급자를 발굴할 때 빅데이터 혁신이 어떻게 활용될 수 있는지, 이 경우 개인정보보호와 어떻게 상충될 수 있는가에 대한 내용을 검토해야 한다. 전달체계의 접근성을 다룬다면, 원격진료와 같은 기술을 어떻게 보편화할 것인가 그리고 이 경우 의료산업화와의 쟁점을 어떻게 풀 것인가와 같은 이슈 역시 4차 산업혁명과 관련된 복지전달체계에서 다루어 줄 필요가 있다. 종합적으로, 복지전달체계 이슈는 개별 사회복지급여별로 상이하며 또한 광범위하기 때문에 영역별 · 주체별 · 사안별 · 재정별 등 다차원적인 접근이 되어야 한다.

② 문재인 정부의 공공복지 전달체계 개편 정책

문재인 정부는 저출산 및 고령화에 따른 인구구조의 변화, 4차 산업혁명의 도래에 대응하는 동시에 포용적 복지국가 구현을 위해 공공복지전달체계 개편을 위한 다양한 정책을 전개하고 있다. 특히, 사회서비스 전달체계 개편과 관련하여 현 정부에서는 주민자치형 공공서비스 구축, 사회서비스원 설립과 커뮤니티 케어(지역사회 통합 돌봄) 모델 도입 등을 추진하고 있다.

②-1 주민자치형 공공서비스 구축 사업

현재 행정안전부 주관으로 추진하고 있는 주민자치형 공공서비스 구축사업은 주민의 실제 생활권과 밀착된 읍 · 면 · 동을 중심으로 돌봄 기능과 주민자치 기능을 강화하는 사업이다(행정안전부, 2018; 강혜규, 2019). 정부는 2016년부터 지역복지허브기관으로서의 읍 · 면 · 동 기능을 강화하고자 하는 '읍 · 면 · 동 복지허브화' 전달체계 개편을 추진해 왔다. 이는 읍 · 면 · 동에 찾아가는 복지전담팀을 설치해 기존에 초기 상담과 신청 접수 수행에 그쳤던 읍 · 면 · 동의 역할을 찾아가는 복지 상담, 복지 사각지대 발굴, 통합사례관리, 민관 협력의 기능으로까지 확장한 것이다.

행정안전부가 2018년부터 추진하고 있는 주민자치형 공공서비스 구축 사업은 구석구석 찾아가는 보건 · 복지서비스, 주민이 참여하고 결정하는 풀뿌리 자치, 주민의 손으로 직접 만드는 마을 사업 등으로 구성되어 있다. 이중 사회서비스 전달체계와 관련된 부분이 바로 찾아가는 보건복지서비스 지역행정 기반 구축, 보건복지서비스 전담인력 확충 관리, 민과 관이 함께하는 지역사회 주도 보건 · 복지 연계모델 창출 과제를 담은 구석구석 찾아가는 보건복지 서비스 분야이다. 행정안전부는 2018년까지 전체 읍 · 면 · 동(3,500개)에 찾아가는 복지전담팀을 구성하였다. 읍 · 면 · 동의 찾아가는 복지팀에 방문간호사를 배치하여 보건과 복지서비스를 통합 제공하는 기반을 마련하고, 방문 대상자 건강 평가, 건강 위험 수준을 고려한 건강관리 서비스 제공 등 대상자 중심의 맞춤형 건강서비스를 제공할 계획이다.

주민자치형 공공서비스 구축사업의 또 다른 핵심 영역은 읍 · 면 · 동이 주민참여 확대를 위한 플랫폼으로 기능하게 하는 것이다. 읍 · 면 · 동에 설치된 민관협력기구인 지역사회보장협의체는 실질적 주민참여 방안을 마련하고 주민이 주체적으로 참여하는 '마을복지계획'을 수립한다. 이를 통해 지역문제 해결 및 예방을 도모함으로써 풀뿌리 마을자치를 활성화하고자 한다. 아울러 읍 · 면 · 동에 대한 복지인력의 대폭적인 충원이 대대적으로 추진된다. 일자리 정책 5년 로드맵에 따라 2017~2022년에 사회복지직 1만 2,000명, 간호직 3,500명이 증원되며, 이들이 읍 · 면 · 동에 배치되어 사각지대 발굴 · 지원 및 찾아가는 보건복지서비스를 전담하게 된다.

②-2 사회서비스원의 설치

사회서비스원은 고령사회의 도래, 여성경제활동의 증가와 같은 사회구조 변화로 아동 및 노인 돌봄 등 사회서비스 요구의 증대에 대응하는 한편 공공부문의 사회서비스 직접 제공자로서의 역할 확대를 통한 사회서비스의 공공성 향상과 일자리 질적 수준 제고 등을 도모하기 위해 설립을 추진하고 있다. 2022년까지 17개 시 · 도 광역자치단체에 사회서비스원을 설치하는 것을 목표로 하여 2018년 5월에는 그 설립 및 운영의 법적 근거가 되는 '사회서비스 관리 및 지원에 관한 법률안'이 발의되었다. 보건복지부는 법안 통과와는 별도로 2019년에 4개 시 · 도(서울 · 경기 · 경

그림 16 사회서비스원 설립 · 운영 모델(안)

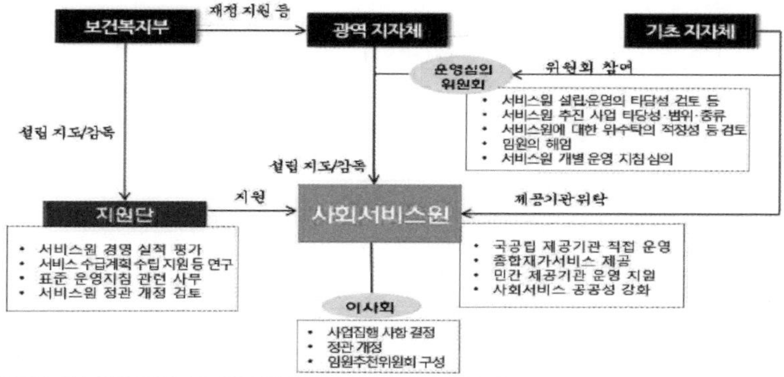

자료: 관계부처 합동(2018).

남 · 대구)를 대상으로 사회서비스원 시범사업을 진행하고 있다.

관계부처 합동으로 수립한 '사회서비스원 설립 및 운영 방안'에 따르면 사회서비스원의 설립 · 운영 모델은 그림 16과 같다. 이 모델에서 보건복지부의 재정지원을 받는 광역지자체는 기초지자체가 참여하는 운영심의위원회를 운영함으로써 사회서비스원을 관리하며 실제적인 기초지자체가 하고 보건복지부가 설립한 지원단에서 운영에 대한 평가를 담당하게 되어 있다. 이러한 체계를 통해서 사회서비스원은 민간 중심으로 구축된 현재의 사회서비스 공급체계의 문제점을 해소하기 위한 대안으로 제시되고 있으며, 국공립시설 및 기관의 직영을 통한 종사자의 처우 개선과 서비스 품질 개선을 주목적으로 추진되고 있다.

현재 보건복지부가 상정하고 있는 사회서비스원의 주요 역할 및 기능은 다음과 같다(보건복지부, 2019a).

첫째, 사회서비스원은 지방자치단체로부터 국공립 시설을 위탁받아 운영하고 서비스 종사자들을 직접 고용하여 관리한다.

둘째, 사회서비스원은 종합재가센터를 설치하여 재가서비스를 직접 제공한다.

셋째, 그 밖에 민간 제공기관에 대한 재무, 회계, 노무 등 상담 · 자문, 대체인력 파견 및 시설 안전점검 지원과 자치단체의 사회서비스 수급계획 수립 지원 등의 업무를 수행한다.

②-3 커뮤니티 케어(지역사회 통합 돌봄) 서비스 도입

문재인 정부는 우리나라가 초고령사회로 진입하는 2026년 이후에 전면 시행을 목표로 보건 · 복지통합전달체계라고 할 수 있는 커뮤니티 케어 서비스 도입을 위해 2019년부터 8개 자치단체를 선정하여 선도 사업을 시작하였다. 커뮤니티 케어는 돌봄(care)을 필요로 하는 주민들이 자기 집이나 그룹홈 등 지역사회에 거주하면서 개개인의 욕구에 맞는 복지급여와 서비스를 누리고, 지역사회와 함께 어울려 살아가며 자아실현과 활동을 할 수 있도록 하는 지역주도형 사회서비스체계이다(보건복지부, 2019b).

커뮤니티 케어의 의미와 관련하여 김용득(2018)은 커뮤니티(공간으로서의 지역사회, 지방으로의 권한 이양, 주체로서의 지역사회)와 케어(돌봄 · 수발, 치료 · 간호, 관심 · 지원)가 가지는 각각의 세 가지 의미를 결합하여 표 11과 같은 9가지 활동 또는 지향으로 정의하고 있다.

이처럼 커뮤니티 케어는 매우 다양한 의미를 내포하고 있는 사회서비스 전달체계의 혁신 모델이지만, 그 본래적 의미는 현재 우리나라 사회서비스제도가 안고 있는 가장 근본적인 문제점인 제도 중심의 분리적 케어

표 11 커뮤니티 케어의 의미

케어 \ 커뮤니티	공간으로서의 지역사회	지방으로 권한 이양	주체로서의 지역사회
돌봄, 수발	지역사회 돌봄	돌봄의 분권화	지역사회의 돌봄 참여
치료, 간호	지역사회 치료	의료의 분권화	치료적인 지역사회
관심, 지원	지역사회 복지서비스	복지서비스의 분권화	지지적인 지역사회

자료: 김용득(2018).

로부터 사람 중심의 통합적 케어로 전환하는 것이라고 할 수 있다. 이를 위해 보건-의료-요양-주거-복지와 같이 서비스 제도, 재원, 관리의 책임이 분절적으로 칸막이 쳐져 있는 사회서비스를 수요자 중심으로 통합적으로 제공할 수 있는 전달체계를 구축해야 한다.

이와 함께, 통합적 서비스 제공을 위해서는 전문적 사례관리자의 코디네이팅 역할과 전문적 지역복지실천이 요구된다. 특히, 의료-장기요양에서 민간공급체계가 지배적인 상황에서 서비스 수요자 니즈 중심으로 공급을 조정하기 위해서는 서비스 기관 간에 공공적 가치를 공유하며 민관협치의 거버넌스를 구축해야 한다. 아울러 서비스가 결합된 주거 등 다양한 서비스 종류의 개발과 지원이 필요하다(석재은, 2018).

이러한 관점에서 현재 선도사업으로 추진되고 있는 노인 돌봄 서비스 분야를 대상으로 보건복지부가 설계한 노인 통합 돌봄 모델(안)을 소개하면 그림 17과 같다.

노인 통합 돌봄 모델을 살펴보면, 시 · 군 · 구 단위에서 설치된 지역케어회의를 통해서 병원, 재가생활과 지역사회를 연결하는 통합적인 복지

그림 17 노인 통합 돌봄 모델(안)

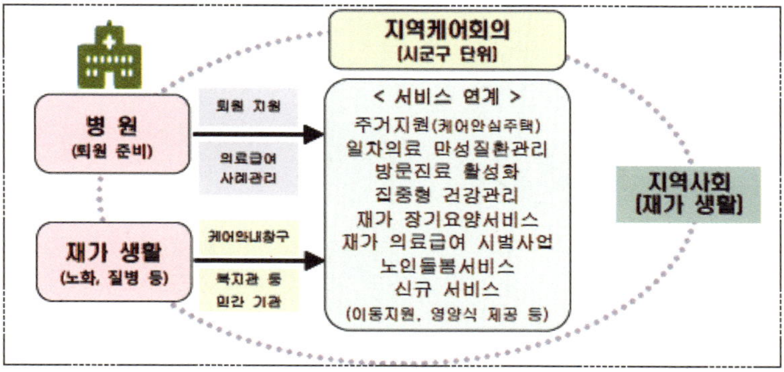

자료 : 보건복지부(2019b).

가 이루어지게 된다. 여기에는 의료급여, 복지관 등 민간기관, 그리고 주거지원과 방문 진료, 장기요양서비스까지 포함하는 종합적인 복지가 이루어지게 된다. 이 시스템에서 문제가 되는 것은 재정적 기반을 마련하는 것이 어렵고 중장기적인 투자가 이루어져야 한다는 점인데 4차 산업혁명 기술을 통해서 노인 통합 돌봄 모델의 효과성이나 효율성을 높일 수 있는 방안이 마련된다면 의미를 가질 것이다.

②-4 차세대 사회보장정보시스템 구축

그림 18에서 제시된 '차세대 사회보장정보시스템 구축사업'은 보건복지부가 기존에 제공해왔던 온라인 사회복지전달체계의 기반구조인 사회보장정보시스템을 전면 개편하는 사업으로 2022년부터 차세대 시스템으로 개통할 예정이다. 현재의 사회보장정보시스템(행복e음, 범부처 시스

그림 18 차세대 사회보장정보시스템 구축 모델

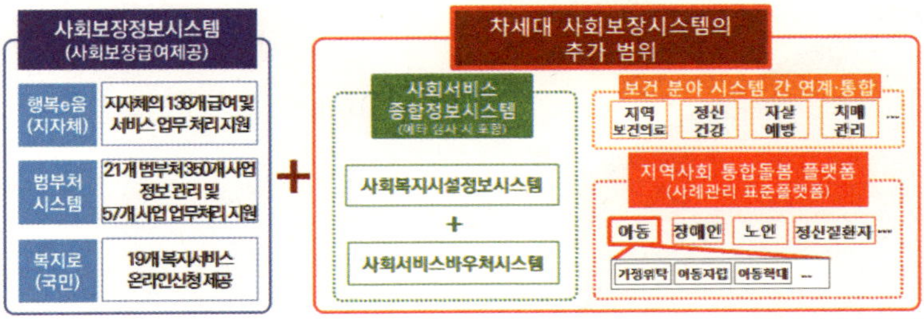

자료 : 보건복지부(2019c).

템, 복지로)은 소득보장(공적 급여) 업무를 중심으로 발전하여 보편적 사회보장과 지역사회 중심으로 민 · 관이 협력하는 통합 돌봄 체계로의 전환을 지원하는 데 한계가 있다. 따라서, 차세대 사회보장정보시스템 구축 사업은 이러한 문제를 극복하는 동시에 인공지능, 빅데이터 등 디지털기술 혁신을 반영하여 스마트 사회복지를 구현하기 위하여 추진된다. 새로운 정보시스템 구축의 주요 내용은 다음과 같다(보건복지부, 2019c).

첫째, 국민이 필요한 사회보장급여와 서비스를 필요할 때에 찾아서 맞춤형으로 안내하는 '(가칭)복지멤버십' 제도를 도입한다.

둘째, 온라인으로 신청하는 복지사업을 확대(19→41종)하고, 병원 · 복지관에서 일부 복지사업 신청을 대행할 수 있도록 추진한다.

셋째, '지역사회 통합돌봄'을 구현하기 위해 지자체, 보건소, 복지관 · 시설, 병원 등이 대상자를 중심으로 함께 하는 사례관리 공통기반(플랫폼)을 구축한다.

넷째, 시설별 · 사업별로 각각 개발되어 사용 중인 사회서비스 정보를 개인 중심으로 통합하여 사회서비스 종합정보시스템을 구축한다. 또한 사회서비스원의 업무처리와 사업관리를 위한 시스템을 내부에 구축하여 공공분야 사회서비스의 직접적인 제공자로서 갖는 기능과 역할을 지원한다.

다섯째, 지방자치단체 공무원이 일일이 복지대상자 선정사항을 확인하지 않고 정보시스템이 자동적으로 조사하고 선정하는 '반(半) 자동 조사 · 결정' 제도와 시스템을 도입한다.

여섯째, 현장을 찾아가서 바로 상담 · 신청 · 접수할 수 있도록 이동통신(모바일) 행동e음을 구현하고, 지방자치단체 공무원을 도와주는 인공지능 비서를 도입한다.

일곱째, 사회보장 빅데이터 정보를 활용하여 근거 기반의 정책 개발을 지원할 예정이다.

종합적으로 볼 때에 차세대 사회보장정보시스템에는 4차 산업혁명기술의 다양한 측면이 구현되고 이를 활용할 수 있는 기회가 확대될 것이 예상된다.

③ 맞춤형 사회복지체계 구축을 위한 전제조건

지자체 인구구조변화 및 지방소멸위험성 대응을 위한 사회복지전달체계의 구축, 즉 맞춤형 사회복지전달체계의 구축을 위해서는 몇 가지 전제조건이 충족되어야 한다. 우선 중앙-광역-기초 자치단체 간 복지자원의 배분이 효과적으로 이루어 져야 하며, 인구구조의 변화에 대한 정확한 진단과 차별화된 정책이 만들어져야 한다. 특히 맞춤형 사회복지전달체계를 담을 수 있는 행정구역 및 행정체계의 개편은 반드시 수반되어야 할 조건이라고 할 수 있다.

③-1 중앙-광역-기초 자치단체 간 복지자원 배분

맞춤형 사회복지전달체계의 구축을 위한 첫 번째 전제조건은 중앙정부와 광역 및 기초 자치단체 간 복지자원 배분에 대해서 원칙이 마련되어야 한다는 것이다. 중앙정부와 광역 및 기초 자치단체 간 복지자원 배분에 대한 일반적인 원칙은 소득의 경우는 중앙정부에서 관리 및 운영을 하되 사회서비스 맞춤형 대응전략의 경우는 분권화를 해야 한다는 것이다. 이는 사회서비스의 규모나 서비스 대상에 따라서 광역자치단체나 기초자치단체가 분권화의 주체가 될 수 있는데 기초생활과 밀접하게 관계된 부문의 경우는 기초자치단체가 맡아서 하되 반면에 그 서비스의 대상이 기초자치단체를 넘어서 제공해야 하는 경우는 광역자치단체가 맡아서 해야 한다.

동시에, 이러한 배분을 효과적으로 하기 위한 4차 산업혁명 기반의 정보통신기술(ICT: information communication technology)의 활용이 있어야 한다. 특히 블록체인은 이러한 복지자원 배분의 효과성을 높여줄 수 있는 정보통신기술이라고 할 수 있다. 블록체인의 활용에 대해서는 본 연구의 후반부에 있는 '인구구조 및 감소 대응한 지역사회복지전달체계 관련 사례 및 활용가능성 연구'에서 자세히 다루고자 한다. 현재 우리나라에서는 블록체인이 지방정부 복지에 활용할 가능성이 매우 높다고 보고 있다.

③-2 인구구조의 변화에 대한 정확한 진단

지역사회 복지자원의 경우는 특히 민간부문이 공공부문에 비해서 상

표 12 지자체-페르소나에 따른 사회복지전달체계 전략

지자체 -페르소나	공공전달체계				민간전달체계			
	인력–운영방식 개선	조직–기능 재조정	첨단화 및 시스템화	특성화 및 효율화	인력–운영방식 개선	조직–기능 재조정	첨단화 및 시스템화	특성화 및 효율화
초고령화 농촌 유형	노인복지전문인력 중점 보강 복지공무원 방문상담 상시화	광역행정네트워크를 통한 기능의 재조정 읍 · 면 · 동의 업무 및 재정조정을 통한 노인복지 전문성 구축	빅데이터 활용 노인행태 분석 기반 복지서비스 구축 민간전달체계와 연계망 구축 시 · 군 · 구행정서비스와 연계망 강화	사회복지–의료, 교통 연계망 구축 시설 간 칸막이제거를 통한 다기능화	노인복지 전문인력 중점 보강 공공전달체계와 연계한 찾아가는 복지서비스 구축	읍 · 면 · 동 단위 사회복지 자치조직 구성	공공전달체계와 연계망구축	지역 내 종교기관, 시민단체 및 협동조합 발굴을 통한참여유도
대도시 서비스 기반 유형	행정구역 조정에 의해 발생하는 초과인력을 사회복지업무에 투입	복지취약지역과 일반지역에 대한 구분을 통한 조직–기능 재조정	빅데이터 활용 대도시복지취약지구형서비스 구축 민간전달체계와 연계망 구축 시 · 군 · 구행정서비스와 연계망 강화	사회복지–고용, 교육, 교통 연계망 구축 시설별 연계강화를 통한 기능중복해소	대도시형 복지 전문 인력 중점 보강 공공전달체계와 연계한 고용, 교육, 교통 서비스 복지 인력 구축	대도시 복지 취약지구 중심으로 재조정 및 기능집중 동 단위 사회복지 자치조직 강화	공공전달체계와 연계망구축	지역 내 종교기관, 시민단체 및 협동조합 발굴을 통한참여유도
제조업 기반도시 유형	사회복지직렬충원을 통한 정원비중 확대	출산, 육아, 교육 관련 복지 기능 확대	빅데이터 활용전문인력복지 서비스 구축 민간전달체계와 연계망 구축 시 · 군 · 구행정서비스와 연계망 강화	사회복지–교육, 주거연계망 구축 시설별 전문화를 통한 기능중복 해소	출산, 육아, 교육 관련 전문인력 중점 보강 공공전달체계와 연계한 복지인력 구축	맞춤형 복지서비스 조직 구성 및 기능 재조정 동 단위 사회복지 자치조직 강화	공공전달체계와 연계망구축	지역 내 종교기관, 시민단체 및 협동조합 발굴을 통한참여유도

광역행정 네트워크를 통한 기능의 재조정과 읍·면·동의 업무 및 재정조정을 통한 노인복지 전문성 구축이 중요한 전략 방향이 되어야 한다. 인구감소에 따른 광역행정 네트워크를 위해서는 지자체 간 통합 운영이나 업무 통합이 불가피하다. 그리고 이에 맞추어 읍·면·동의 업무 및 재정조정을 통해서 전문성을 높일 수 있다. 이와 함께, 그림 19에서 보여주는 바와 같이 기초자치단체 수준에서의 통합이 필요하다. 기존의 군 단위에서 제공하던 사회복지서비스를 몇 개의 군을 통합하여 운영하는 것이 필요한데 여기에는 사회복지 서비스 조직이나 인력, 혹은 기관이나 시스템의 통합이 먼저 이루어져야 한다. 첨단화 및 시스템화의 경우에는 빅데이터를 활용한 노인행태 분석 기반 복지서비스 구축, 민간전달체계와 연계망 구축, 그리고 시·군·구행정서비스와 연계망 강화와 같은 전략을 제시한다. 특성화 및 효율화의 경우에는 노인들에게 가장 중요한 사회복지-의료, 교통 연계망 구축과 복지시설 간 칸막이제거를 통한 다기능화를 제시한다.

초고령화 농촌 유형의 민간전달체계를 살펴본다. 인력-운영방식 개선에 있어서는 노인복지 전문인력 중점 보강과 함께 공공전달체계와 연계한 찾아가는 복지서비스 구축이 핵심적 전력이라고 할 수 있다. 조직-기능 재조정에 있어서는 읍·면·동 단위 사회복지 자치조직 구축이며 첨단화 및 시스템화에서는 공공전달체계와 연계망구축이 주요 전략이 된다. 특성화 및 효율화에 있어서는 지역 내 종교기관, 시민단체 및 협동조합 발굴을 통한 참여를 유도해야 한다.

둘째, 인구소멸의 가능성이 상대적으로 높지 않은 대도시 서비스 기반

그림 19 초고령화 농촌유형 사회복지전달체계 전략의 예
(광역네트워크 활용 조직개편 및 노인복지 기능 강화)

그림 20 대도시 서비스 기반유형 사회복지전달체계 전략의 예
(복지 취약지구 중심 공간적 재조정 및 기능집중)

그림 21 제조업 기반 도시유형 사회복지전달체계 전략의 예
(맞춤형 복지서비스의 조직 및 기능 재조정)

유형의 공공전달체계와 민간전달체계에 따른 전략은 다음과 같다.

대도시 서비스 기반 유형의 공공전달체계를 살펴본다. 인력-운영방식 개선에서는 행정구역 조정에 의해 발생하는 초과인력을 사회복지업무에 투입하는 전략이다. 조직-기능 재조정의 경우에는 복지취약지역과 일반지역에 대한 구분을 통한 조직-기능 재조정 전략이다. 첨단화 및 시스템화의 경우에는 빅데이터를 활용한 대도시복지 취약지구형 서비스 구축,

민간전달체계와 연계망 구축, 그리고 시 · 군 · 구 행정서비스와 연계망 강화의 전략이다. 특성화 및 효율화의 경우에는 사회복지-고용, 교육, 교통 연계망 구축과 시설별 연계강화를 통한 기능중복 해소를 제시한다.

대도시 서비스 기반 유형의 민간전달체계를 살펴본다. 인력-운영방식 개선에 있어서는 대도시형 복지 전문 인력 중점 보강과 공공전달체계와 연계한 고용, 교육, 교통 서비스 복지 인력 확충이다. 이는 대도시에서의 필요한 복지서비스 중심으로 개편하는 것을 의미한다. 조직-기능 재조정에 있어서는 대도시 복지 취약지구 중심으로 재조정 및 기능집중과 동 단위의 사회복지 자치조직을 강화하는 전략이다. 첨단화 및 시스템화에서는 공공전달체계와 연계망구축 전략이다. 특성화 및 효율화에 있어서는 지역 내 종교기관, 시민단체 및 협동조합 발굴을 통한 참여를 유도해야 한다.

셋째, 인구소멸의 가능성이 매우 적은 제조업 기반 도시 유형의 공공전달체계와 민간전달체계에 따른 전략은 다음과 같다.

제조업 기반 도시 유형의 공공전달체계를 살펴본다. 인력-운영방식 개선에서는 사회복지직렬충원을 통한 정원비중의 확대이다. 조직-기능 재조정의 경우에는 출산, 육아, 교육 관련 복지 기능의 확대 전략이다. 첨단화 및 시스템화의 경우에는 빅데이터 활용 전문인력 복지서비스 구축, 민간전달체계와 연계망 구축, 그리고 시 · 군 · 구 행정서비스와 연계망 강화이다. 특성화 및 효율화의 경우에는 사회복지-교육, 주거연계망 구축과 시설별 전문화를 통한 기능중복의 해소 전략이다.

제조업 기반 도시 유형의 민간전달체계를 살펴본다. 인력-운영방식 개선에 있어서는 출산, 육아, 교육 관련 전문 인력의 중점 보강과 공공전달체계와 연계한 복지인력의 확충이다. 조직-기능 재조정에 있어서는 맞춤형 복지서비스의 조직 구성 및 기능 재조정, 동 단위 사회복지 자치조직 강화 전략이다. 첨단화 및 시스템화에서는 공공전달체계와 연계망구축이 주요 전략이 된다. 특성화 및 효율화에 있어서는 지역 내 종교기관, 시민단체 및 협동조합 발굴을 통한 참여를 유도해야 한다.

⑤ 인구구조 및 감소에 대응한 지역사회복지 전달체계 관련 사례 및 활용 가능성 연구

인구구조 및 감소에 대응한 지역사회복지 전달체계 관련 사례 및 활용 가능성 연구에서는 우선 수요응답형 교통서비스(DRT: demand responsive transit)의 국내 사례 및 해외 사례를 제시한다. 그리고 지역사회복지 전달체계 개선을 위한 블록체인 활용 가능성과 지역사회복지 전달체계 개선을 위한 행정구역 통합 및 지방행정체제 개편 및 지역 거버넌스 체제 구축 및 자치단체 간 협약제도를 다룬다. 마지막으로 의료 서비스 전달체계의 개선과 문화 인프라 연계에 대해서 다룬다.

⑤-1 수요응답형 교통서비스(DRT) 국내 사례[4)]

인구구조 및 감소에 대응한 지역사회복지 전달체계 관련 지자체 사례 연구에서는 전라북도 진안군의 수요응답형 교통서비스(DRT) 사례를 소개

---

4) 기정훈, 임경수, 장준철, 민준영, 주필주, 『취약지역의 접근성 제고방안』, 한국교통연구원, 2017.

한다. 진안군은 인구감소 및 65세 이상 인구 증가로 고령화율이 급격히 상승하였고 고령화의 심화에 따른 고령자 등 교통약자 이동편의 향상과 고령자 운전방지 계도로 시내 혼잡도 및 사고율 감소를 목적으로 수요응답형 교통서비스를 도입하였고 인구 감소로 인해 군내버스는 사양길에 접어들어 주민들의 노선버스 이용불편이 가중되어, 벽지노선 운행지역이면서 수요인구가 많은 면, 택시의 반대가 없는 곳을 DRT 시범사업 지역으로 선정하였다.

그림 22 진안군 수요응답형 교통서비스 운행지역도

진안군 DRT 운행현황을 살펴본다. 진안군 버스 DRT는 총 149개 마을 및 거점을 대상으로 운행되고 있다. 각 면별로 버스 DRT 1대와 택시 DRT 1~2대를 운행 중이고, 요금은 1,000원이며, 택시 DRT의 경우 버스 DRT의 보조 수단으로 활용 중이며, 콜센터와 연계하여 버스 DRT와 동일하게 운영하고 진안읍내 순환택시 5대를 운영 중이고, 요금은 500원으로 택시 대당 월 100~150만 원의 예산이 투입되고 있으며, 일평균 400여 명이 이용 중이다.

진안군 DRT(행복버스) 운행방식을 살펴본다. 진안군 행복버스는 버스 카드/현금으로 요금(1,000원)을 징수하고 있고, 한 달 총 12회 왕복 이용을 지원하고 있다. 운행시간은 오전 7시부터 오후 7시까지 365일 운행하며, 마을 또는 면 소재지 일정 장소(마을회관, 면사무소 등)에 고정식 정류장으로 운영한다. 기본적으로 예약제로 운영하여 운행 1시간 전까지 예약해야 한다.

진안군 DRT는 무진장여객자동차주식회사에서 운행하고 있으며, 회사 내 콜센터를 설치 및 운영한다. 예약에 따른 버스의 운행은 주민→콜센터→버스기사(택시기사)의 순서로 모바일을 이용해 운영 중이고, 콜센터에서는 주민의 콜을 받은 후 버스의 위치를 고려하여 버스 또는 택시 DRT에 연락한다. 버스 DRT는 마을과 마을 또는 마을과 면소재지만 연결하며, 그 외 지역으로의 이동을 위해서는 노선버스로 환승하여야 한다.

진안군은 군내의 버스회사를 이용하여 기존 벽지노선 대체 방식으로 버스 DRT를 운행하는 것이 특징이며, 대중교통체계의 주요 이해관계자(버스, 택시)와의 협조관계가 원활하여 추진이 가능하였다.

그림 23 진안군 행복버스

그림 24 진안군 DRT 운영 방식

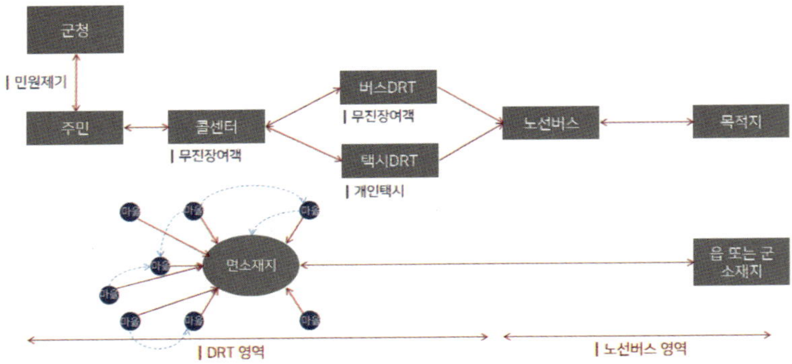

⑤-2 수요응답형 교통서비스(DRT) 해외 사례[5)]

해외의 수요응답형 교통체계 모형은 대체로 교통약자에 대한 교통권 보장 차원에서 서비스를 제공하는 경우로서 정확히 수요응답형 교통서비스라고 명명된 사례는 거의 없다. 이런 차원에서 일본의 커뮤니티버스, 미국·영국, 유럽의 독일·스위스의 수요응답형 교통서비스에 관한 것을 살펴볼 필요가 있다.

첫째, 일본의 커뮤니티 버스는 기존의 노선버스를 이용하기 불편한 주택에서 전철역 주변의 상가를 연결 운행하는 것으로 정류장 간격이 평균 200m, 운임은 기존 노선버스의 반액으로 책정하여 운행되고 있다. 버스의 승하차 편이를 위해 앞, 뒷문에 보조계단을 설치하여 운행하고 있어 유럽의 도어투도어(door-to-door) 서비스와 유사하다. 사실 도어투도어

---

5) 기정훈, 임경수, 장준철, 민준영, 주필주, 『취약지역의 접근성 제고방안』, 한국교통연구원, 2017.

는 예약형 서비스로 장애인을 위한 교통서비스에서 점차 낙후지역, 오지지역의 대중교통구간을 연결하는 서비스로 확장되어 활용되고 있다. 핸디캡(Handi-cab)은 고령자, 장애인의 이동 이외에도 교통소외지역 주민의 이동성 확보를 위해 제공하는 교통서비스로 1970년대 자원봉사단체를 중심으로 진행되어 왔으며 핸디캡을 제공하는 단체는 정부로부터 일정한 보조금을 받고 있다.

둘째, 미국의 수요응답형 교통서비스는 주로 1,500여 개의 농촌형 DRT 시스템과 400여 개의 도시형 DRT 시스템이 있으며 또한 각 주마다 다양한 유형의 DRT 서비스를 제공한다. 일리노이주의 페이스(Pace)는 시카고 메트로폴리탄 지역의 지역교통국(Regional Transportation Authority) 산하에 있는 교외지역 교통약자를 위한 버스를 일컫는 용어이다. 페이스는 1983년에 RTA법(Regional Transportation Authority Act, 지역교통국법)에 근거하여 처음 시작되었고 이는 CTA(Chicago Transit Authority, 시카고 교통국), Metra(시카고 메트로폴리탄 지역의 통근열차), 그리고 Pace의 기금제공에 의해 설립되었다. 이 페이스는 Cook, Lake, Will, Kane, McHenry, 그리고 DuPage 등지에 서비스되고 있다. 대부분 페이스 버스의 터미널은 CTA의 철도역이나 버스터미널에 연계되어 위치하고 있으며 모든 페이스 버스는 휠체어 이용자가 이용할 수 있으며 자전거를 실을 수 있는 보관대가 설치되어 있다. 대부분의 페이스 버스 노선은 기존 CTA 버스보다 노선이 긴 편이며 주 7일 운행을 통해 교외지역에서 도심에 있는 주요 위치까지 연결성을 확보하고 지역정부와 함께 교통약자들을 위한 다양한 서비스를 제공하고 있다.

표 13 페이스 지역정부의 교통서비스

서비스명	설명
페이스 고정노선 버스 서비스 Pace fixed routes bus service	• 6개 카운티, 220개 커뮤니티에서 운영 • 고정된 버스 노선이 있음 • 교외지역에서 도심의 주요 목적지(병원, 쇼핑센터, 등)까지 교통수단 제공
ADA 장애인 교통서비스 ADA Paratransit Service	• 정해진 노선이 있으며 수요에 따라 유동적으로 운행 • 이용하기 위해서는 미리 예약해야 함
밴풀 인센티브 프로그램 & 페이스 자동차 셰어링 Vanpool Incentive Program & Pace Ride Share	• 밴풀은 카풀 개념으로 출퇴근용 밴을 빌려주는 서비스 • 거리와 이용자 수에 따라 소정의 비용발생(월 $73~$174) • 이용자 중 한 명이 밴을 운전(적립금으로 보상) • 페이스에서 가스비, 톨비, 보험, 유지비, 세차비 등의 비용을 부담
기타 커뮤니티 교통 서비스	• Call-n-Rides: 누구나 이용할 수 있는 door-to-door 교통서비스 • Dial-a-Rides: 장애인을 위한 door-to-door 교통서비스

자료: Pacebus 공식 홈페이지.

콜로라도주의 덴버에서도 페이스와 비슷한 Call-n-Ride 서비스를 제공하고 있고, 최소 1시간 전이나 최대 2주 전까지 전화 및 온라인으로 예약할 수 있으며 선착순으로 서비스가 제공된다. 예약자의 위치에서 Park-n-Ride, 기차역, 학교, 사무실 및 도심 주요 지역까지의 교통편 제공, 그림 24에서 보듯이 표시된 지역에서 제공되고 있는데 상대적으로 도심에서 멀거나 외곽 지역에 분포함을 알 수 있다.

영국의 경우 수요응답형 교통서비스는 버스, CT, 택시/미니캡 운영회사가 시행할 수 있으며 표 14의 조건에 따라 운영허가를 받을 수 있다.

잉글랜드와 웨일즈 지역에는 2004년부터 적용된 버스서비스등록과 버스운영보조금 지원이 변경되어 예약제 수요응답형 교통서비스 제공이

그림 25 콜로라도주 덴버의 Call-n-Ride 서비스 지도

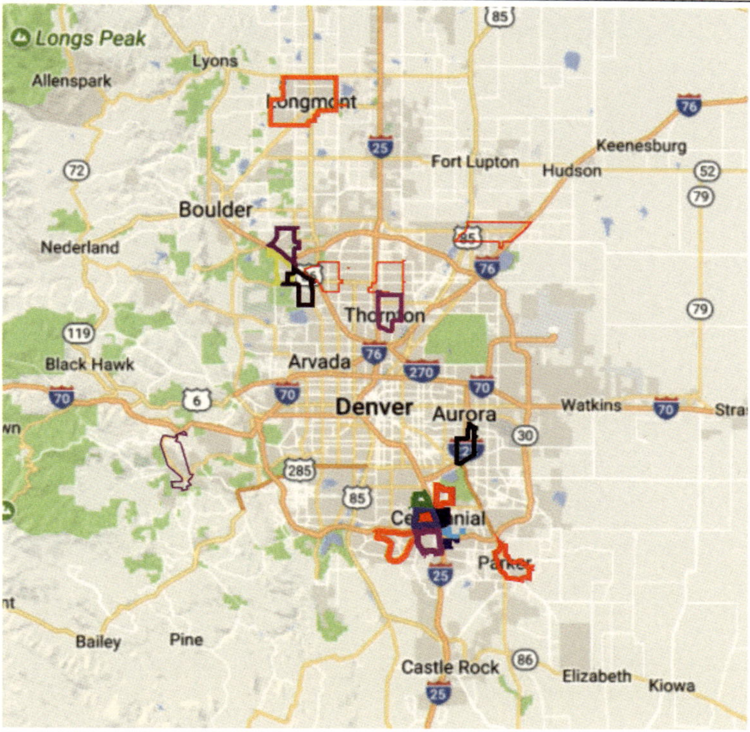

자료: Call-n-Ride 서비스 공식 홈페이지.

가능해졌다. 햄프셔의 Cango, 서폭스의 Connecting Communities, 윌트셔의 Connect2Wiltshire, 타인위어의 LinkUp, 링컨셔의 CallConnect, 스트라스클라이드의 Ring'n'Ride, 솜머셋의 Nippy Bus, 북 요크셔의 Scarborough Dial A Ride 등이 있다. 햄프셔의 Cango는 지역에 따라 서비스 형태가 나눠지는데 Andover 지역은 고정된 노선을 따라 운행하는

표 14 영국 DRT 운영허가 조건

허가	운영회사 및 노선의 특성	운행차량 특성	보조여부/세금	이용자
공공서비스 차량	이익추구를 위한 민간회사, 교통국(Traffic Commissioners)에 등록	• 9인승 이상: 일반 면허 • 8인승 이하 지역버스서비스: 특별제한 면허	• 버스서비스운영자 보조금 • 전국 할인 요금 • 부가세면제	일반대중
교통법 제22조	이익추구를 목적으로 하지 않는 기관, 교통국에 등록	9인승 이상 16인승 이하 차량	• 버스서비스운영자보조금 • 전국 할인 요금 • 부가세면제	일반대중
교통법 제19조	이익추구를 목적으로 하지 않는 기관, 교통국에 등록	• 16인승 이하 차량: 일반면허 • 17인승 이상 차량: 대형면허	• 조건적 버스서비스운영자 보조금 • 부가세면제	특정 조건을 충족하는 이용자 한정
Hackney carriage	이익추구를 위한 민간회사, 지역의회 등록 필요, 교통국에서 DRT 허가 필요	8인승 미만 차량	• 보조 없음 • 부과세 징수	일반대중
민간 차량	이익추구를 위한 민간회사, 지역의회 등록 필요, 교통국에서 DRT 허가 필요	8인승 이하, 선예약 필요	• 보조 없음 • 부과세 징수	일반대중

자료: Davison et al., (2014), table 2, p.49.

반면 New Forest 지역은 수요응답형 교통서비스의 전형적인 형태인 예약제 자유노선으로 운행된다. Andover Cango는 고정된 노선을 운행하지만 이용객이 타기 위해 신호를 보내면 정류장에 관계없이 탈 수 있으며(hail-and-ride), 따로 예약이 필요하지 않는다. 한편 New Forest 지역의 경우 월요일부터 금요일, 오전 7시~ 9시 사이에 전화로 시간과 장소를 예약해야 하며 토요일에 이용하고자 하는 경우 금요일에 미리 예약해야 한다.

서폭스 주의회는 서폭스 커뮤니티 교통 회사들과 함께 수요응답형 교통서비스인 'Connecting Communities'를 운영하고 있다. 협력 단체로 Bungay 지역 커뮤니티 교통, Bury St Edmunds 봉사센터, Coastal Accessible Transport Service, Felixstowe 지역 커뮤니티 교통서비스, Hadleigh 커뮤니티 교통그룹, GoStart 및 TVN(The Voluntary Network)가 있다. 서폭스 지역 내 대중교통이 없는 곳에서 전화예약을 통해 서비스를 신청할 수 있으며 버스나 기차역까지의 교통편을 제공한다. LinkUp의 경우 이용자를 'meeting points'에서 태워서 이용객이 원하는 목적지까지 운행했으나 한 번 이용하는 데 보조금 비율이 높아 경제성 문제로 2011년 운행이 중단되었고 현재 선더랜드 (Sunderland) 지역에 한정적으로 수요 응답형 교통서비스가 운영되고 있다.

유럽에서는 대표적으로 독일과 스위스에서 수요응답형 교통서비스가 시행되고 있다. 우선, 독일의 경우 지역에 따라 Anruflinienfahrt(ALF, Call line ride), Anruf-Linien-Dienst(ALD, Call-line service), Anruflinienbus (Call line bus), Anruflinientaxi(ALT, Call line taxi), Anrufbus(Call bus), Rufbus(Call bus), Ruf-mich-Bus(Call-me-Bus), Linienbedarfstaxi(LBT, Line demand taxi), Taxibus, Linientaxi(Line taxi), Bedarfsbus(demand bus) 등의 이름으로 수요응답형 교통서비스를 제공하고 있다. 명칭에서도 알 수 있듯이 대부분이 전화예약이 필요하며 이용객의 위치에서 미니버스나 택시를 통해 목적지(주변 버스/기차역 또는 도심 내 목적지)까지 수송한다. 인구가 적어 교통수요가 상대적으로 낮은 곳에서 서비스 제공이 이루어지고 있으며, 이용요금은 대부분 시내 · 시외로 나뉘며 2~5유로

그림 26 AST 운영지역

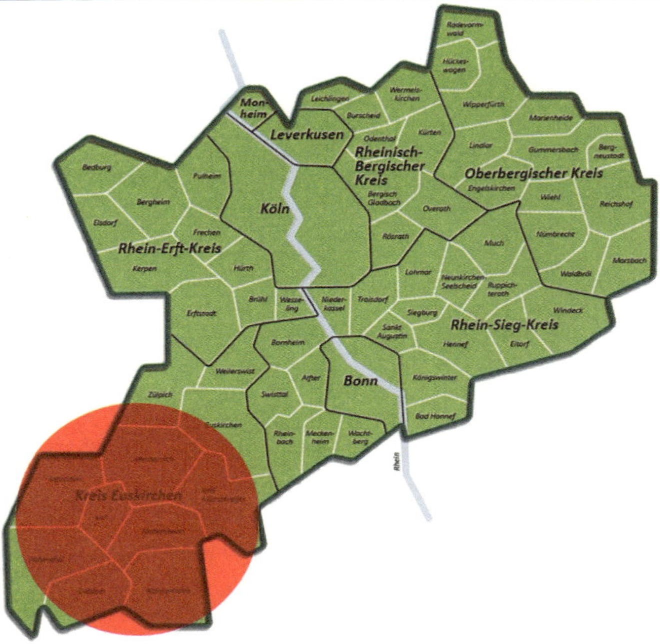

사이로 저렴한 편이다. AnrufLinienFahrt(ALF)는 뤼덴샤이트(Lüdenscheid)에 위치한 Märkische 교통회사가 제공하는 수요응답형 교통서비스로 미니버스를 운영하며 출발 45분 전까지 전화 예약이 필요하다. Anruf-Sammel-Taxi(AST, Call-collective Taxi)는 독일의 국경지역(네덜란드와 벨기에와 접함)인 바트뮌스터아이펠, Blankenheim, Dahlem, Hellenthal, Kall, Schleiden과 Weilerswist에서 시범운행되고 있는 수요응답형 교통서비스로 1시간 전까지 전화예약이 필요하며 도시 내 2.9유로, 인근도시 3.9유로

의 이용료를 내고 이용할 수 있다.

퍼블리카(PubliCar)는 스위스의 수요응답형 door-to-door 교통서비스로 스위스 우편국 산하 포스트버스(PostBus)사의 서비스 중 하나이다. 1995년부터 1㎢당 인구 100명 미만인 지역에 미니버스를 투입하여 주요 교통시설까지 교통편을 제공하고 있으며 전화로 예약해야 한다. 교통수요가 부족한 소규모 도시나 밤 시간대에 교통서비스를 제공하기 위해 1995년 시범운행이 시행되었으며 현재 스위스 32개 지역으로 확장되었다.

이상에서의 해외 사례를 통해서 나타나는 시사점은 다음과 같다. 첫째, 운영방식은 대부분 전화 및 인터넷으로 예약이 이루어진 후 미니버스를 이용한 자유노선이며, 일부 고정노선을 운영하고 예약에 따라 유동적으로 노선을 변경하는 경우도 있었다. 둘째, Door-to-door 서비스를 기본으로 하는데 지역에 따라서는 버스 정류장과 같이 특정 픽업 포인트가 있는 경우, 이용객의 집에서 주요 버스 및 기차역까지 연결해주는 보조적인 교통수단의 역할을 하는 경우도 있었다. 셋째, 이용객은 대부분 일반 주민이나 방문객 등 모든 사람을 대상으로 하나 고령자나 장애인 등 특정 조건을 충족하는 사람만을 대상으로 하는 경우도 있었다. 넷째, 운영지역은 대부분 인구가 적고 교통수요가 낮은 지역으로 일반적인 대중교통이 미비한 지역이며 경제적 이익보다는 주민의 교통권 보장 차원에서 접근하고 있고 운영에 있어서 정부의 보조금이 중요하며 지역 민간 교통관련 기업(버스 및 택시 회사)과 봉사단체와의 협력을 통해 운영되는 경우도 있었다.

⑤-3 지역사회복지 전달체계 개선을 위한 블록체인 활용 가능성[6)]

가상화폐의 기반기술인 '블록체인'이 제4차 산업혁명시대의 핵심기술로 부상하고 있다. 2016년 세계경제포럼(World Economic Forum)에서는 제4차 산업혁명 시대를 이끌 핵심기술 중 하나로 블록체인을 선정하였고, 2025년까지 전 세계 GDP의 10%가 블록체인 기반 기술에서 발생할 것으로 전망하고 있다.

해외 주요국에서는 '블록체인' 기술을 향후 인터넷에 버금가는 변혁을 주도할 것으로 인식하고, 정부와 금융기관 · 기업들은 블록체인 관련 정책과 투자에 노력을 기울이고 있는 실정이다(과기정통부 홈페이지 2017.1). 이에 따라서, 대한민국 정부도 100대 국정과제로 제4차 산업혁명 관련 산업을 육성하고 있는 가운데, 2018년을 블록체인 기술 확산 원년으로 정하여 그 기술개발에 박차를 가하고 있다(과기정통부, 2018.1). 따라서 블록체인 기술이 지방행정에 미치는 영향을 알아보고 선제적으로 대응하는 것이 시급하고 중요하며 특히 지방자치단체들의 사회복지전달체계와 연계될 수 있는 가능성을 살펴볼 필요가 있다.

블록체인의 개념은 2008년에 Satoshi Nakamoto(사토시 나카모토, 필명)에 의해 암호화 기술 커뮤니티에 게재된 '비트코인: P2P 전자화폐 시스템'이라는 논문에 최초로 소개되었다(박종서, 2018). 블록체인이란 특정거래를 위해 네트워크에 연결(P2P)된 참여자가 동일한 데이터 거래기록을 공동으로 검증, 기록 및 보관하는 분산데이터 저장기술(정창희, 2018)

---

6) 허필우, 홍자연, 『블록체인 기술의 지방행정 활용방안』, 부산과학기술기획평가원, 2018.

이며, 참여자 간 직접거래(Peer-to-Peer)가 가능하고 단일장애점이 없다.

블록체인 기술의 세 가지 핵심가치는 보안성, 투명성, 그리고 효율성이다. 보안성이란 거래 장부를 분산 저장하므로 모든 거래자의 컴퓨터를 해킹하지 않는 이상, 해킹 등의 사이버 공격에 안전하며, 개인정보 보호, 정부의 무결성을 확보할 수 있다는 점이다. 투명성이란 모든 참여자가 거래 승인권한, 데이터 등에 동등하게 접근이 가능하고, 상호 검증되므로 정보의 민주화를 실현할 수 있다는 것이다. 마지막으로 효율성이란 중앙 통제 및 공증이 필요 없이 P2P 형태로 거래가 진행되므로 거래수수료를 최소화하고 거래의 신속성과 효율성을 제고할 수 있다는 점이다. 이러한 특징들은 지방자치단체의 사회복지서비스 분야에 활용될 수 있는 가능성을 넓혀주었다.

블록체인은 블록 생성주체에 따라 크게 3가지 형태로 분류할 수 있다(민경식, 2018). 첫째, 퍼블릭 블록체인(Public Blockchain)인데, 이는 인터넷을 통해 모두에게 공개 및 운영되는 방식으로 컴퓨터 파워를 통해 누구든 공증에 참여 가능한 반면, 네트워크 확장이 어렵고 거래 속도가 느린 것이 단점이다. 최초의 블록체인 활용사례이며, 가상화폐 분야(비트코인, 이더리움 등)에서 활용된다. 둘째, 프라이빗 블록체인(Private Blockchain)인데, 이는 허가된 하나의 사용자만 내부전산망을 블록체인으로 관리하는 개인형 블록체인을 의미한다. 셋째, 컨소시엄 블록체인(Consortium Blockchain)인데, 이는 미리 선정된 소수(N개)의 주체들만 참여가능한 반(半)중앙형 블록체인을 의미하며, 주체들 간 합의된 규칙을 통해 공증에 참여하고 네크워크 확장이 용이하고 거래 속도가 빠르다는 장점을 가진다.

과학기술정보통신부는 '블록체인'을 다양한 산업 분야에서 데이터의 안정성과 거래 효율성을 높일 수 있는 4차 산업혁명을 구현하는 미래 유망기술로 선정하여 집중 육성하고 있다. 2018년을 블록체인 기술 확산 원년으로 정하고, '블록체인 산업발전 기본계획'을 수립하였고, 같은 해에 데이터의 안전한 분산저장, 사물 간 자동 거래 등 블록체인 기술의 장점과 활용 가능성을 검증할 수 있는 6개 시범사업(42억 원)을 선정하여 진행하고 있다. 서울시 노원구는 개인이나 단체가 자원봉사, 기부 같은 활동을 하면, '노원'을 적립하는 '노원(NW)화폐'를 2018년 2월부터 상용화하였고(황용수 외, 2018), 자원 · 자선 활동의 보상으로 NW화폐를 제공하며 가맹점에서 물품 구매에 활용하거나 자원봉사 1시간을 700원, 물품 기부와 판매 시 10%를 지역화폐로 적립하게 하였다.

경기도는 전국 지방정부 최초로 '따복공동체 주민제안 공모사업'에 블록체인기술을 도입하여 블록체인 방식을 통해 815여 개 공동체 구성원 7,335명이 사업내용을 학습하고 직접 심사(투표)에 참여할 수 있게 하였다. 부산을 비롯한, 경기, 전북, 광주, 대전 등 5개 시 · 도는 과학기술정보통신의 블록체인 생태계 구축 전략수립을 위한「지역 거점센터 활용 서비스 공모사업」에 선정되어 지방자치단체 행정 분야에 적용하고 있다.

이와 함께 2018년 7월부터 출범하는 제7기 민선지방자치단체장은 지역화폐 도입, 크립토밸리 조성, 바우처 사업 등 블록체인 기술을 활용한 선거공약들을 쏟아낸 바 있어, 이를 실행에 옮길 경우 지방자치단체 행정에도 많은 변화가 있을 것으로 예상된다(아시안타임즈, 2018).

블록체인 기술의 핵심가치 중 최고의 중요도를 가지는 보안성을 중심으로 지방행정분야에 적용이 가능한 분야를 탐색하여야 한다. 행정전문가를 대상으로 적용 가능한 분야를 약식 델파이 조사한 결과, 가장 시급하고 중요한 분야로 농 · 축 · 수산물 분야가 채택되었고 2위와 3위가 모두 복지 분야가 채택되었다. 특히 기술전문가도 복지지원 대상자의 선정, 지원규모 결정, 복지대상자의 생활환경 변화에 대하여 블록체인 기술을 도입하자는 의견과 함께 지방자치단체를 중심으로 복지행정의 패러다임이 바뀔 것이라는 예측을 내 놓았다. 따라서 정부에서는 공공서비스 분야 중 가장 먼저 복지 분야를 모델케이스로 하여 블록체인 기술을 적용하는 것을 검토해야 하며, 블록체인 기술에 대한 지방행정공무원의 역량을 강화시킬 필요가 있다. 블록체인 기술에 대한 지식습득, 이해와 적용은 지방행정공무원, 특별히 사회복지 분야의 공무원들에게 필수적인 요소가 될 것이다.

⑤-4 지역사회복지 전달체계 개선을 위한 행정구역 통합 및 지방행정체제 개편[7)]

지방행정구역 통합의 성과와 관련하여 1995년부터 실시된 정부의 도 · 농 통합정책 이후 많은 시 · 군이 통합되었는데 이에 대해 거의 성과가 없다는 주장이 있는 한편으로 비록 모든 면에서 성과를 거둔 것은 아니지만 일부 지표에서는 성과를 보이고 있다는 주장이 있다(김영철, 이우배, 2013). 통합의 장점으로 받아들여지는 공공서비스 공급의 효율성과 규모경제

7) 김영철, 이우배, 「지방자치단체 행정구역 통합의 성과 평가에 관한 연구」, 『지방정부연구』, 17(1), 2013, 181-204.

효과의 크기 경우도 일괄적으로 나타나는 것이라기보다는 개별 자치단체가 처한 지리적 환경에 따라 달리 나타나며, 무엇보다도 해당 자치단체와 지역 주민이 통합에 대한 공감대를 형성하고 적극적으로 희망할 때 그 효과를 보장할 수 있다(김영철, 이우배, 2013).

중심도시와 주변농촌의 통합과 같이 지역 간 위계가 분명한 경우에는 비교적 목표로 한 성과를 도출하는 것으로 평가되나, 경쟁관계에 있거나 여건이 비슷한 지방자치단체 간 통합은 주민 갈등과 행정적 비효율성을 초래할 우려도 제기되기 때문에(김영철, 이우배, 2013), 사회복지전달체계를 위한 기초자치단체 간의 통합에 있어서 유사한 규모의 자치단체 간의 통합보다는 중심도시-주변도시의 관계하에서의 통합이 바람직한 방향이 될 것이다. 행정구역 통합을 위한 충분한 사전 검토와 합의 그리고 약속 이행과 주민투표 과정을 거치는 것이 타당해 보이며 행정구역의 지나친 광역화를 지양하고 물리적 통합보다는 단계적인 통합과 자치단체 간에 협의체 구성 등을 통한 지속적인 노력이 요구된다.

2000년대 이후에 우리나라의 잠재성장률은 하락추세를 보이는 등 본격적인 저성장하에 놓여 있고, 저출산과 고령화 등의 인구구조 변화 등으로 인해 상당수의 도시 및 농촌 지역의 인구감소와 열악한 재정상황이 발생할 가능성이 높기 때문에 향후에도 자치단체들이 규모의 경제 실현이나 지역 균형발전 등을 내세워 자치단체의 통합에 대한 논의는 줄어들지 않을 것이다. 결국 인구가 감소하고 재정력이 열악한 자치단체들은 불가피하게 자치단체 통합을 선택할 수밖에 없는 상황에 처할 수도 있으므로, 향후 발생할 통합을 위한 법적 · 제도적 장치를 강화해야 한다.

무엇보다도, 자치단체 통합에 대한 재정적 특례를 현재보다 강화해야 한다. 인구가 적고 관할 면적이 넓어 자치행정을 수행할 수 없을 정도로 재정력이 열악한 단체가 그렇지 않은 자치단체와 통합할 경우, 후자의 재정적 경쟁력은 급격하게 하락할 것이 예상되므로 통합 자치단체에 대해 재정적인 지원을 할 필요가 있다. 그리고 자치단체 통합으로 인해 절감된 비용은 주민들의 혜택으로 전환해야 한다. 통합으로 인해 절감되는 비용은 지방세의 탄력세율 적용 등을 통해 주민들에게 그 통합의 혜택이 돌아갈 수 있도록 하는 방안을 마련해야 한다. 마지막으로, 통합 후에 장기적인 비전을 제시하는 과정이 필요하다. 자치단체 통합을 통해서 만들어진 새로운 자치단체는 통합 이전의 자치단체와는 다른 비전과 목표, 그리고 실질적인 효과가 있음을 보여줄 때 자치단체 통합의 효과가 극대화되고 반면에 부작용을 예방할 수 있다.

⑤-5 지역사회복지 전달체계 개선을 위한 지역 거버넌스 체제 구축 및 자치단체 간 협약제도[8)]

최현선(2012)은 자치단체 간의 통합보다 자치단체 간의 상생발전을 위한 지역 거버넌스 체제로 전환을 주장하며, 미국의 사례를 통해 지역 간 통합보다 지역 거버넌스를 통해 자치단체들의 재정력을 강화할 수 있다

---

8) 최현선, 『상생발전을 위한 지방정부간 재정거버넌스에 대한 사례 연구』, 정책과제 2012-16, 한국지방세연구원, 2012.
최용환, 「지방소멸시대의 지방자치단체 간 상생협력 방안」, 『한국지방자치학회 2019 하계학술대회 발표집』, 한국지방자치학회, 2019.
주재복 외, 「인구 과소군의 행정운영 실태 및 문제점 분석」, 『한국정책학회 동계학술논문발표집』, 한국정책학회, 2016.

고 주장한다(최현선, 2012). 특히, 광역 거버넌스 가운데 행정적 광역 거버넌스, 재정적 광역 거버넌스는 행정구역통합을 통하지 않고도 지방자치단체의 행정적 및 재정적 문제를 해결할 수 있는 대안으로 제시한다. 행정적 광역 거버넌스는 가장 일반적인 형태로 지방정부 간 공공서비스를 제공하는 일종의 지방정부 사이의 합의과정으로 정의될 수 있고, 재정적 광역 거버넌스는 주로 공공서비스, 빈곤문제, 광역교통 문제, 지역경제 개발 등과 같은 이슈들과 관련하여 광역지역의 재원조달이나 지출 체계를 만드는 것이다.

우리나라 지방자치단체 중에도 이러한 행정적 광역 거버넌스와 거의 유사한 제도를 도입하고 있는 지역의 사례들이 있다. 충청남도 천안시는 기반시설임에도 혐오시설로 분류되는 생활폐기물 소각시설을 활용하여, 천안시의 생활폐기물뿐만 아니라 경기도 평택시에서 배출되는 생활폐기물의 일부를 소각 처리함으로써 세외수입 증진을 가져왔다. 전라북도 정읍시는 전라북도 관내에 위치한 고창군과 부안군과 화장시설을 공유함으로써 세외수입 규모를 확대시키고 있다. 해당 사례들은 타 지역에서 발생하는 문제를 해당 지역에서 해결하고자 한다는 지역 주민들의 저항도 있었지만, 자치단체의 주민들을 대상으로 하는 홍보와 설득과정을 거쳐 지역 간 협업을 이루고 지역의 재정력도 강화된 사례이다.

이러한 사례들을 고려한다면, 효과가 보장되지 않고 상대 자치단체와의 합의를 도출해 내기 까다로운 자치단체 간 물리적·공간적 통합보다는 광역 거버넌스 제도의 도입을 통해 지방자치단체 간의 상생을 도모할 수 있을 것이다.

자치단체 간 협약제도는 이러한 거버넌스의 의미 있는 모형이라고 할 수 있다. 최용환(2019)에 의하면 자치단체 간 협약제도는 여러 자치단체에 걸친 광역계획의 수립·집행, 특수 광역행정 수요 충족 등을 위한 기본방침과 자치단체 간 역할분담 협력을 체결하여 행정서비스를 전달하는 것이다. 이러한 자치단체 간 협력제도는 대표적인 것이 사무위탁이다. 지방자치단체는 행정수요가 거의 없는 행정사무를 인근 자치단체나 광역자치단체에 위탁하여 기능을 수행하는 것이다(주재복 외, 2016). 사무위탁 방식은 상·하수도, 쓰레기 처리시설, 화장장, 납골당 등 규모의 경제를 고려할 수 있는 분야, 세금부과 및 징수 분야에서 이용 가능한 방식이다. 인구감소 지역은 행정서비스 공급 측면에서 생활권을 함께하는 다수의 자치단체를 중심으로 주민서비스를 안정적으로 공급하고 비용을 효율화하는 것이 필요하다. 이를 위해 인근 자치단체 간의 사무위탁이나 기관의 공동설치와 같은 행정협력에 의한 방법을 활용하거나, 읍·면·동 간 네트워크를 강화하는 데 초점을 두어야 한다. 즉, 사무위탁은 지방자치단체의 사무 중에서 지방자치단체 간 위탁이나 수탁을 통하여 처리하며, 자치단체 간의 공동 설치하는 사무에 대하여 공동 주체가 되어 수행해야 한다.

최용환(2019)은 지방자치단체는 지역사회 문제를 해결하기 위해서는 지역의 다양한 주체들이 참여하는 방식으로 전환되어야 한다고 주장하며, 이를 위해 자치단체는 사회적 합의에 의한 협력에 기반을 두고 이해관계자들의 이익과 가치를 조정하는 사회협약을 통해 해결하는 것이 필요하다는 점을 강조한다. 인구감소로 인한 지방소멸에 대응하기 위해서는 개별 정책의 실행을 넘어 지방자치단체 내의 모든 역량을 결집하여 사회적 합의를 확산해 나감으로써 문제를 해결하는 것이 매우 중요하다. 지방의 문제는 개별 지방자치단체의 정책적 차원을 넘어서 지방자치단체 간에 함께 고민하고, 협의하며, 시행하는 체계를 구축하는 것이 지역의 과제이다.

이를 기반으로 과거 성장 중심의 가치에서 다양한 가치를 상호보완적인 선순환관계로 구축하는 신지역사회협약을 체결하는 것이 필요한 것이다(최용환, 2019). 자치단체 간 협약제도를 도입하기 위해서는 지방자치법 개정을 통한 자치단체 간 구속력 있는 법적 효력 부여로 민간참여 · 기업투자 등 민간부분의 안정적인 참여의 가능성을 제고해야 한다. 지방자치단체는 인근 지방자치단체와 시설의 공동사용, 광역적 연계 가능성을 재검토해야 한다. 특히, 시설의 노후화와 지방재정의 제약으로 공공시설을 감소시켜야 하는 상황 하에서 필요한 공공서비스를 제공하기 위해 자치단체의 경계를 넘어 시설을 활용하는 것이 중요하다.

⑤-6 지역사회복지 전달체계 개선을 위한 의료 서비스 전달체계의 개선[9)]

최용환(2019)은 인구감소의 직접적인 원인으로 의료서비스의 문제를 제기하면서 인구감소지역은 대부분 의료기관의 붕괴로 인한 의료서비스의 문제를 야기하고 있다는 점을 상기시킨다(최용환, 2019). 전국 기초자치단체 226개 중 대도시의 區 지역을 제외한 157개 시 · 군 가운데 71곳(45%)에서 분만 제로(0) 지역으로 나타났으며, 30곳(19%)은 1시간 거리

---

9) 최용환, 「지방소멸시대의 지방자치단체 간 상생협력 방안」, 『한국지방자치학회 2019 하계학술대회 발표집』, 한국지방자치학회, 2019.

안에 산부인과가 없는 출산 인프라 붕괴지역으로 나타났다(조선일보, 2019.8.8.).

이와 같이 인구감소지역의 공공의료서비스는 저출산을 야기시켜 지역을 붕괴시키는 악순환으로 이어질 가능성이 크기 때문에 인근 지방자치단체 간 인구유입과 인구의 유출을 방지하기 위한 생활서비스 최소기준을 마련할 필요가 있다(최용환, 2019). 동시에 지방자치단체는 인구감소에 따른 문제인식을 공유하고 별도의 의료서비스 시설을 공급하기 보다는 인근 자치단체와 연계 · 협력하여 사업을 추진하는 것이 도움이 된다.

지방자치단체는 인구감소 지역, 인구증가 지역 및 인구구조 특성에 따라 공공의료서비스 정책은 공급의 규모나 정책면에서 다른 정책이 추진되어야 하는데 이는 도시지역과 농촌지역의 의료정책은 의료서비스의 유형이 달라져야 함을 의미한다. 특히, 농촌지역의 경우는 의료서비스에 대한 접근성이 낮기 때문에 심각하며, 그에 대한 공공의료서비스에 대해 인근 지방자치단체와의 연계 협력이 요구되고 이를 위한 교통서비스의 획기적인 전환이 필요한 시점이다.

⑤-7 지역사회복지 전달체계 개선을 위한 인근 지방자치단체 간 문화 인프라 연계[10)]

농촌지역은 인구감소에 따라 공공서비스 시설의 활용도가 감소하고, 유사한 시설들이 많이 분포하고 있어 재정적으로 열악한 지방자치단체

10) 최용환, 「지방소멸시대의 지방자치단체 간 상생협력 방안」, 『한국지방자치학회 2019 하계학술대회 발표집』, 한국지방자치학회, 2019.

는 더욱 어려워지기 때문에 시 · 군별 공공서비스의 수급상황 및 유지, 관리비용을 파악하고 이를 바탕으로 공공서비스의 유지, 폐지, 이전 등을 결정하는 방안을 속히 강구해야 한다(최용환, 2019).

공공서비스 공급의 수요확보와 효율적인 운영을 위해 시 · 군의 재정적 여건을 고려하여 행정구역 단위의 공공서비스 시설 연계와 함께 재정립이 선행되어야 하는데 여기에는 다음과 같은 전략이 필요하다(최용환, 2019). 첫째, 공공서비스 시설은 주민의 공동체 생활, 주민편익의 향상, 시설투자 및 관리의 효율성을 높이면서 시너지 효과가 있도록 통합해야 한다. 둘째, 공공서비스 시설 간 상호 연계성을 확보하여 원스톱행정서비스를 제공할 수 있도록 해야 한다. 그러므로 공공서비스 시설은 군민회관, 문화회관, 노인복지회관, 여성회관, 청소년회관, 문화원, 청소년 수련시설, 의료기관 등 권역을 중심으로 한 행복마을 만들기와 같은 다양한 시책을 연계해 나가야 한다.

최용환(2019)은 인구가 감소하는 도시는 문화 인프라를 유지하는 데 필요한 적정 인구규모를 확보하기 못하기 때문에 주민이 원하는 다양한 문화서비스를 제공하는 데 어려움이 있다고 주장한다. 주민들은 여가와 문화생활에 대한 수요는 증가하는 데 반하여 지방자치단체별로 주민들에게 더 좋은 문화서비스를 제공하는 데 어려움이 있고, 인구가 감소하는 지역은 각종 문화시설의 노후화뿐만 아니라 시설의 협소화로 인해 새로운 문화시설의 건립이 요구된다.

새로운 문화시설 조성에는 많은 비용이 들기 때문에 하나의 대안으로써 인접한 지자체간의 상호협력을 통하여 공동으로 문화 인프라를 조성

그림 27 지방자치단체 간 공공시설 이용 연계

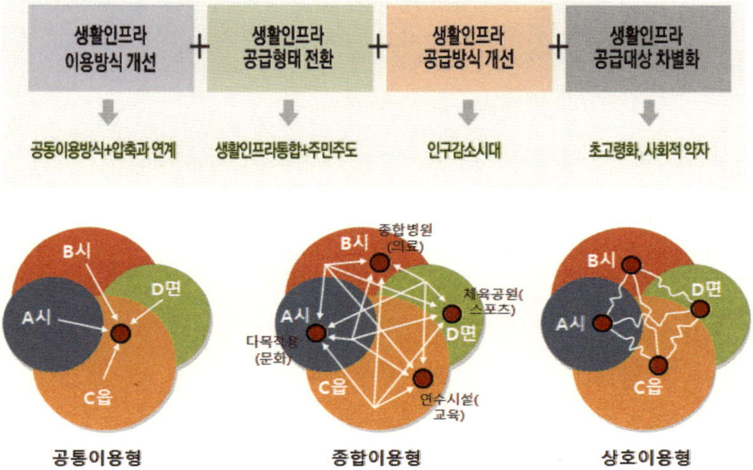

자료: 오용준, 「인구감소시대 지속가능한 도시정책방향」, 『인구 감소시대를 맞이한 문재인 정부 국토도시, 균형발전 정책방향』, 충남연구원, 2018.

하여 프로그램을 운영하면 지역 간의 시너지 효과를 극대화할 수 있을 것이다(최용환, 2019). 우리나라는 국민 개개인이 어디에서 사느냐는 개인의 자유의사이며, 거주이전의 자유가 보장되고 있다. 어느 누구도 거주이전을 강제할 수 없기 때문에 좋은 장소에 거주할 수 있도록 지방자치단체 간의 행정서비스 전달체계를 강화시켜 나가야한다. 즉, 자치단체는 어느 지역에 주민이 거주하든지 최소한의 삶의 질을 보장받을 수 있는 기준을 설정하여 정책을 추진하는 것이 필요하다.

(6) 지자체 맞춤형 복지행정서비스 및 전달체계 개선을 위한 4차 산업혁명 기술

① 유형화된 지자체의 맞춤형 복지행정서비스를 도출하는 매트릭스 모델 개발

유형화된 지자체의 맞춤형 복지행정서비스를 도출하기 위한 매트릭스 모델은 표 8에서 제시된 지자체-페르소나에 따른 사회복지전달체계 전략으로부터 도출된다. 각 셀에서 제시된 전략을 맞춤형 복지행정서비스로 전환하여 제시하면 표 15와 같이 전개할 수 있다. 여기에서 제시된 맞춤형 복지행정서비스는 지자체의 유형에 따라서 다양한 특성을 반영하여 복지행정서비스를 제시할 수 있게 된다.

② 지자체 맞춤형 지역사회복지 행정서비스 도출을 위한 4차 산업혁명 기술 연구

4차 산업혁명은 인공지능(AI), 로봇, 사물인터넷(IoT), 빅데이터(Big data) 등 정보통신기술이 사회 전 분야에 적용되어 경제 및 사회 구조의 근본적 변화를 촉발시키는 기술혁명으로 정의된다(Schwab, 2016). 4차 산업혁명의 특징은 기존의 IT, BT기술을 기반으로 다양한 분야를 융합하는 초융합성 · 초연결성(hyper-connected)이라고 볼 수 있다. 4차 산업혁명은 기존의 오프라인에서 온라인을 융합하는 산업혁명으로 기존 산업혁명들과 달리 특정 기술의 변화가 아니라, 스마트 공장과 같은 가상 시스템과 물리 시스템의 융합이며, 이것은 사회 전체를 최적화하는 방향으로 진화하고 있는 것이다(이민화 2017, p.14; 장석인 2017, p.23). 4차 산업혁

될 수 있기 때문에 지역별 인구구조에 맞는 복지 서비스를 판단하거나 결정하기 위한 지리정보시스템과 빅데이터 활용이 필요하다. 그리고 각 지역별로 특성화된 복지서비스를 제공해 주어야 한다. 제조업 기반이나 공공부문 기반의 도시에서는 사회복지와 교육, 주거, 교통 연계형 서비스를 제공하기 위한 빅데이터와 인공지능을 활용해야 한다. 수요응답형 교통(DRT)의 경우는 기업도시에서도 직장과 주거지 간을 연결해 줄 필요가 있기 때문에 이를 위한 무인자동차 및 자율운행버스 기술이 도입되어야 하고 이에 맞는 법 및 제도적 뒷받침이 요구된다. 민간부문 복지전달체계의 경우에는 출산, 육아, 교육 중심 복지 서비스, 도시인구 특성 맞춤형 복지서비스, 동 단위 사회복지 자치조직 중심 복지서비스와 함께 공공전달체계와 연계형 복지서비스, 그리고 지역 내 종교기관, 시민단체 및 협동조합 참여형 복지서비스를 위한 다양한 공유경제 사업화 기술을 활용할 필요가 있다.

④ 4차 산업혁명 기술 도입 전달체계

4차 산업혁명 기술 도입 전달체계는 표 17의 과정을 통해서 이루어지는 것이 유형화된 지자체의 맞춤형 복지행정서비스를 효과적으로 제공할 수 있는 기초가 된다. 여기에서는 지자체-페르소나를 나누고 각 지자체-페르소나별로 의료복지, 교통복지, 주거복지, 문화복지, 교육복지, 고용복지에 대해 사회복지 대상 연령대별로 4차 산업혁명 기술을 제시한다.

표 17에서 각 지자체-페르소나 유형별로 차이를 보이는 것은 다음과 같다. 첫째, 초고령화 농촌 유형의 경우에는 의료복지 분야에 전 연령대

표 17 4차 산업혁명 기술 도입 전달체계

<table>
<tr><th rowspan="2">지자체-
페르소나</th><th rowspan="2">사회복지
전달체계영역</th><th colspan="7">사회복지 대상 연령대별 구분</th></tr>
<tr><th>영유아
(취학전 아동)</th><th>어린이
(초등)</th><th>청소년
(중 · 고등)</th><th>청년
(20-30대)</th><th>장년
(40-50대)</th><th>노인
(60대)</th><th>노인
(70대 이상)</th></tr>
<tr><td rowspan="6">초고령화
농촌 유형</td><td>의료복지</td><td colspan="7">빅데이터(의료정보시스템, 보건정보시스템), 지리정보시스템, 로봇, 드론(의료사고예측시스템)</td></tr>
<tr><td>교통복지</td><td>빅데이터
(교통안전시스템)</td><td colspan="2">인공지능(등하교
수요응답형 교통시스템)</td><td colspan="2">인공지능(출퇴근 수요응답형
교통시스템)</td><td colspan="2">인공지능(무인자동차, 의료기
관 수요응답형 교통시스템)</td></tr>
<tr><td>주거복지</td><td></td><td></td><td></td><td colspan="2">빅데이터(주택수요 및 공급
매칭 시스템)</td><td colspan="2">사물인터넷
(홈스피커, 거동추적기술),
인공지능 및 로봇(챗봇)</td></tr>
<tr><td>문화복지</td><td colspan="3">사물인터넷, 가상현실, 지리정보시스템,
로봇 및 드론(문화교육활용)</td><td></td><td></td><td colspan="2">사물인터넷, 가상현실,
지리정보시스템,
로봇 및 드론(문화교육활용)</td></tr>
<tr><td>교육복지</td><td colspan="3">사물인터넷, 가상현실, 지리정보시스템,
로봇 및 드론(학교교육활용)</td><td colspan="2">사물인터넷, 가상현실,
지리정보시스템
로봇 및 드론(직업교육활용)</td><td colspan="2">사물인터넷, 가상현실,
지리정보시스템
로봇 및 드론(노인교육활용)</td></tr>
<tr><td>고용복지</td><td></td><td></td><td></td><td colspan="2">블록체인(급여관리),
로봇 및 드론(농업기술응용)</td><td colspan="2">블록체인(복지수급관리)</td></tr>
<tr><td rowspan="6">대도시
서비스
기반 유형</td><td>의료복지</td><td colspan="7">빅데이터(의료정보시스템, 보건정보시스템), 지리정보시스템, 인공지능(복지사각지대 결정시스템)</td></tr>
<tr><td>교통복지</td><td>빅데이터
(교통안전시스템)</td><td colspan="2">인공지능(등하교
수요응답형 교통시스템)</td><td colspan="2">인공지능(출퇴근 수요응답형
교통시스템)</td><td colspan="2">인공지능(무인자동차, 의료기
관 수요응답형 교통시스템)</td></tr>
<tr><td>주거복지</td><td></td><td></td><td></td><td colspan="2">빅데이터 (주택수요 및 공급
매칭 시스템), 지리정보시스템,
인공지능(주거복지입지)</td><td colspan="2">사물인터넷(홈스피커,
거동추적기술), 인공지능 및
로봇(노인대상 챗봇)</td></tr>
<tr><td>문화복지</td><td colspan="3">사물인터넷, 가상현실, 지리정보시스템,
로봇 및 드론(문화교육활용)</td><td></td><td></td><td colspan="2">사물인터넷, 가상현실,
지리정보시스템,
로봇 및 드론(문화교육활용)</td></tr>
<tr><td>교육복지</td><td colspan="3">사물인터넷, 가상현실, 지리정보시스템,
로봇 및 드론(학교교육활용)</td><td colspan="2">사물인터넷, 가상현실,
지리정보시스템,
로봇 및 드론(직업교육활용)</td><td colspan="2">사물인터넷, 가상현실,
지리정보시스템,
로봇 및 드론(노인교육활용)</td></tr>
<tr><td>고용복지</td><td></td><td></td><td></td><td colspan="2">블록체인(급여 및 자산관리)</td><td colspan="2">블록체인(복지수급관리)</td></tr>
<tr><td rowspan="6">제조업
기반도시
유형</td><td>의료복지</td><td colspan="7">빅데이터(의료정보시스템, 보건정보시스템)</td></tr>
<tr><td>교통복지</td><td>빅데이터
(교통안전시스템)</td><td colspan="2">인공지능(등하교
수요응답형 교통시스템)</td><td colspan="2">인공지능
(출퇴근 수요응답형 교통시스템)
빅데이터(교통약자파악)</td><td colspan="2">인공지능(무인자동차, 의료기
관 수요응답형 교통시스템)</td></tr>
<tr><td>주거복지</td><td></td><td></td><td></td><td colspan="2">빅데이터
(주택수요 및 공급 매칭 시스템)</td><td colspan="2">사물인터넷(홈스피커,
거동추적기술),
인공지능 및 로봇(챗봇)</td></tr>
<tr><td>문화복지</td><td colspan="3">사물인터넷, 가상현실, 지리정보시스템,
로봇 및 드론(문화교육활용)</td><td></td><td></td><td colspan="2">사물인터넷, 가상현실,
지리정보시스템,
로봇 및 드론(문화교육활용)</td></tr>
<tr><td>교육복지</td><td colspan="3">사물인터넷, 가상현실, 지리정보시스템,
로봇 및 드론(학교교육활용)</td><td colspan="2">사물인터넷, 가상현실,
지리정보시스템,
로봇 및 드론(직업교육활용)</td><td colspan="2">사물인터넷, 가상현실,
지리정보시스템,
로봇 및 드론(노인교육활용)</td></tr>
<tr><td>고용복지</td><td></td><td></td><td></td><td colspan="2">블록체인(급여 및 자산관리)</td><td colspan="2">블록체인(복지수급관리)</td></tr>
</table>

를 대상으로 한 지리정보시스템, 로봇과 드론을 활용한 의료사고예측시스템, 그리고 고용복지 분야에 20대에서 50대까지를 대상으로 한 로봇 및 드론을 활용한 농업기술응용이 있다는 점이다. 둘째, 대도시 서비스 기반 유형의 경우에는 의료복지 분야에 전 연령대를 대상으로 지리정보시스템과 인공지능을 활용한 복지사각지대 결정시스템이 있고 주거복지 분야에 20대에서 50대까지를 대상으로 한 지리정보시스템과 인공지능을 활용한 주거복지입지가 있다는 점이다. 고용복지에서도 고령화 농촌 유형과 달리 블록체인을 활용한 자산관리가 추가된다는 점도 차별성을 보인다. 셋째, 제조업 기반도시 유형의 경우에는 교통복지에 있어서 20대에서 50대까지를 대상으로 빅데이터를 활용한 교통약자 파악이 있다는 점과 대도시 서비스 기반 유형과 유사하게 블록체인을 활용한 자산관리가 추가된다는 점에서 차별성을 가진다. 제조업 기반도시 유형에서 교통약자가 의미하는 것은 주로 제조업에 종사하며 대중교통을 이용하는 사람들인데 이들의 직장과 주거지 간 교통 및 기타 활동을 위한 교통연계성에 대해서 파악을 하고 접근성 향상을 위한 대책을 마련한다는 의미이다.

⑤ 4차 산업혁명 기술 도입에 따른 쟁점 이슈

⑤-1. 사회복지 수급자 발굴 시에 빅데이터 기술 활용 관련 쟁점 이슈

첫째, 사회복지 수급자 발굴 시에 빅데이터 기술 활용에 대한 점이다. 정부는 2015년 기초수급 대상자 선정을 위한 수급기준을 완화하는 등 복지혜택 확대를 위해 지속적으로 노력해 왔다. 그럼에도, 증평 모녀사건(2018.4), 구미 원룸 부자사건(2018.5)과 같이 복지 현장에는 여전히 혜택

에서 소외된 개인이나 가구들이 존재한다. 건강문제로 복지기관 방문이 어렵거나, 위기상황에 신속한 지원을 받지 못하는 등 그 이유 또한 다양하다. 지자체도 혜택에서 소외되는 이웃이 없도록 적재적소에 복지혜택을 제공하는 방안에 대해 고민이 깊은 상황이다.

4차 산업혁명 기술의 도입에 따라서 이러한 복지의 사각지대를 줄일 수 있는 다양한 노력이 시도 중에 있다. 그 대표적인 예로 행정안전부 책임운영기관인 국가정보자원관리원과 경기도 안성시는 빅데이터 기반의 맞춤형 복지 서비스 분석을 추진하였다(행정안전부, 2019).

여기에서는 우선, 복지공감 지도는 공간분석(GIS)을 활용하여 지역 내 공공 및 민간 복지기관의 다양한 지원항목과 이를 필요로 하는 수급자(복지대상자, 독거노인, 장애인 등) 현황을 한눈에 확인할 수 있도록 구현하였다. 지도를 활용하면 복지혜택이 필요한 지역과 수급자를 빠르게 찾아낼 수 있으며 복지기관의 역할(생필품지원, 방문상담 등)을 최적화하고, 복지기관 설립 위치를 선정하는 등 폭넓게 적용할 수 있다. 또한, 이번 분석을 통해 복지기관으로부터 도보로 약 15분 내에 위치한 수급자에게 복지혜택이 집중되고 있는 것을 확인할 수 있었다. 교통, 건강 등의 문제로 복지기관 방문이 어려운 수급자를 위해 '찾아가는 복지 서비스'가 절실하게 필요한 상황이었다. 분석결과를 바탕으로 수급자가 많이 거주하는 3개소(공도읍 2개소, 대덕면 1개소)를 복지기관 추가 설립지로 제시하고, 교통이 불편한 지역을 아우르는 복지셔틀버스 4개 노선을 선정하여 시범운행을 제안하였다. 이를 적용하면 취약지역에 거주하는 수급자 6,130명(55.7%) 중 1,567명(25.56%)이 복지기관 접근성 향상의 혜택을 받을 수 있다.

그러나, 사회복지 수급자 발굴 시에 빅데이터 기술을 활용함에 따른 몇 가지 쟁점이 있을 수 있다. 첫째는 빅데이터에만 의존할 경우에 생길 수 있는 새로운 복지사각지대가 있다는 점인데 이는 선정의 알고리즘에 포함되지 않는 개인이나 가구에 대한 점이다. 둘째는 궁극적으로 사회복지 수급자 발굴과 관련된 공무원이나 공공분야 종사자들이 지나치게 데이터분석에 의지하는 과정에서 생기는 현장방문이나 대면접촉의 회피나 소홀함이 생길 수 있다는 점이다. 따라서 이러한 점들을 예방할 수 있는 새로운 대안이 필요하게 될 수 있다.

⑤-2. 빅데이터 활용과 개인정보보호 관련 쟁점 이슈[11)]

둘째, 4차 산업혁명 기술 도입에 따른 쟁점 중 하나로 빅데이터 활용과 개인정보보호가 있다. 데이터 활용 시 개인정보보호의 범위와 방식을 규정하는 일반 법률은 개인정보보호법이다. 2011년 3월에 제정된 개인정보보호법은 2000년대 후반 대형 통신사, 인터넷 기업 등에 의해 대규모로 가입자의 개인정보가 유출되는 사건이 계속되며 사회적 파장이 커지자 공공 및 민간영역 모두에서 개인정보보호를 강화할 목적으로 제정되었다. 개인정보보호에 관한 일반 법률로서의 위상을 가지고 있다.

이 법률에 따라 공공기관 및 민간기업 등은 보유하고 있는 데이터 처리상 개인정보보호를 위한 일정한 의무를 부여 받는데, 이러한 의무 규정들 중 일부가 현재 빅데이터 활용 촉진상의 큰 법적 쟁점이기도 하다. 우

11) 기정훈 외, 『빅데이터 기반 국가전략 수립 활성화 방안』, 한국행정연구원, 2017.

리나라는 법령상으로는 개인정보를 엄격하게 보호하는 국가로 평가되는데, 새로운 디지털 환경에서 생성되는 빅데이터의 산업적 활용에 제약이 크다는 것이다(한국경제연구원, 2015: 1).

개인정보보호와 관련된 법적 차원의 주요 이슈는 다음과 같다. 첫째, 개인정보 규정의 모호성 문제로서, 규정상 '결합가능성'만으로도 개인정보로 간주될 수 있기에 정보의 활용 제한 범위가 지나치게 넓어진다는 것이다. 둘째, 개인정보의 비식별화 처리에서 충분히 비식별화된 개인정보라고 판단하는 것이 쉽지 않다는 점이다. 셋째, 정보주체 동의 규정의 엄격성 문제인데, 정보처리자가 개인정보를 처리할 때 정보주체의 사전 동의를 반드시 받아야 한다는 현행의 규정에 따른다면 빅데이터 활용 시에는 현실적으로 어려움이 크다는 것이다(한국정보화진흥원, 2015: 3).

보호의 대상이 되는 개인정보는 개인정보보호법 제2조에 규정되어 있는데, 개인정보는 '살아 있는 개인에 관한 정보로서 성명, 주민등록번호 및 영상 등을 통하여 개인을 알아볼 수 있는 정보(해당 정보만으로는 특정 개인을 알아볼 수 없더라도 다른 정보로 쉽게 결합하여 알아볼 수 있는 것을 포함)'로 정의된다. 판례에 따를 때, 일반적으로 민감한 개인정보로는 성명, 주민등록번호, 전화번호, 지문정보, 노조가입 정보 등이 포함된다.

빅데이터의 활용과 관련하여 쟁점이 되는 것은 '결합가능성' 규정이다. '해당 정보만으로는 특정 개인을 알아볼 수 없더라도 다른 정보와 쉽게 결합하여 알아볼 수 있는 것'이라는 규정이 문제가 되는 것으로, 다른 정보와 결합하여 개인 식별이 가능할 수 있다면 개인정보로서 보호대상이

되며 정보의 수집 및 이용상 제한을 받기 때문이다. 따라서 개인을 알아볼 수 있는지 여부, 다시 말해, 식별가능성은 개인정보로서 보호의 대상이 되는지를 결정짓는 중요한 기준이 된다.

그러나 잠재적인 결합 가능성만으로 개인정보로 간주하는 것은 지나치게 불명확하고 임의적인 확대가 이뤄질 수 있다는 비판이 있다(김선남 · 이환수, 2016: 337). 결합 가능성 자체가 파악이 모호한 상황에서 불확실한 가정에 따라서 개인정보보호법의 적용 대상에 포함된다고 한다면, 다종 데이터의 창의적 결합과 그로 인한 새로운 가치의 발현을 추구하는 빅데이터의 발전 가능성을 초기부터 제약할 수 있기 때문이다. 보호해야 할 개인정보의 범위가 확대되는 만큼, 활용할 수 있는 데이터 범위가 줄어들어 빅데이터 활용의 가능성이 제약되는 결과가 발생할 수 있으므로 결합가능성에 대한 규정을 명료하게 해야 한다는 지적이다. 이러한 문제의식에 근거하여 개인정보의 범위를 구체적 · 한정적으로 열거하거나 결합 규정의 완화, 공개된 정보 또는 접근 가능한 정보와 결합하는 경우 등 구체적으로 한정할 것이 주장되고 있다.

개인정보보호와 관련된 법적 차원의 또 다른 이슈는 비식별화에 대한 것이다. 개인정보보호법 제17조 1항에 의하면 정보 처리자는 개인정보를 제3자에게 제공할 때 비식별화할 의무를 가진다. 그러나 식별가능한지 여부가 쉽게 판단되기 어려울 수 있다. 어느 정도까지 변경되어야 충분히 비식별화가 완료된 것인지 판단이 쉽지 않고, 개별적으로는 비식별화된 정보가 다른 데이터와 통합, 가공되는 과정에서 '재식별' 가능성이 발생될 수 있기 때문이다. 데이터의 상업화를 목적으로 하는 경우, 식별가능성을 충분히 고려하지 않는다면 영리적 이용을 위한 개인정보보호가 희생되는 일이 발생할 수 있고, 예측하지 못했던 프라이버시상의 피해가 발생할 수도 있다.

현재 개인 식별의 가능성을 낮춰주는 각종 기술적 조치들이 제시되고 있으며 예를 들어 일회성 임시 식별자 방식 등-비식별화된 데이터라 하더라도 추후 빅데이터 조합 및 가공 과정에서 다시 식별이 가능할 때 개인정보로서 보호 조치를 취해야 할 의무를 부여하는 방안이 마련되고 있다. 그러나 여전히 충분히 비식별화된 개인정보의 기준, 비식별성에 관한 표준화, 재식별화에 대한 사후관리 방안 등이 빅데이터 활용상의 중요한 쟁점이 되고 있다.

⑤-3. 사회복지관련 의료산업화 쟁점 이슈[12)]

셋째, 사회복지의 확대에 따른 의료 산업화의 쟁점이다. 보건의료 산업은 높은 부가가치와 고용창출효과로 인해 미래의 신성장동력으로 여겨진다. 그러나 국민의 건강과 생명에 직접적인 관계가 있는 공공복지 서비스라는 점에서 의료 산업화에 대한 반발도 적지 않다.

보건의료 분야는 의료서비스 공급자와 의료 소비자, 정책 당국 등 각 이해관계자 사이의 갈등 요인이 많이 있으며, 이는 의료 산업 발전을 저해하는 요인이 될 수 있다(홍진환, 김준호, 박찬희, 2012). 따라서 보건의료 확대에 따른 의료산업화는 일반적으로 갈등을 일으킬 가능성을 높이

12) 홍진환, 김준호, 박찬희, 「보건의료 생태계의 공진화에 관한 연구」, 『보건경제와 정책연구(구 보건경제연구)』, 18권 3호, pp.53-77, 2012.

기 때문에 이에 대한 적절한 조율이 필요하다.

의료 산업화에 따라서 실제적으로 무허가나 자격조건이 안 되는 사람에 의한 의료행위의 가능성이 높기 때문에 이에 대한 예방이 필요하고 추가적인 행정비용이 들게 된다. 따라서 사회복지의 확대에 따른 의료산업화에 대한 적절한 규제와 통제가 있어야 한다.

3. 결론 및 기대효과

1) 결론

본 연구는 인구구조의 변화에 따른 지역쇠퇴의 심각성을 인식하고 이에 대한 지역 사회복지분야의 적절한 대응과 효과적인 정책을 세우기 위한 연구이다. 특히, 수도권과 일부 대도시권을 제외하고는 인구감소지역이 보편화되고 있음에 따라 가까운 미래에 국토의 대부분이 겪게 될 지역쇠퇴현상을 미리 예측하고 이에 대한 시급한 지역 사회복지 정책 제안을 하는 데 연구의 주요한 목적이 있다. 특별히 최근 화두가 되고 있는 4차 산업혁명 기반의 사회복지전달체계를 구축을 통해서 지방 인구구조에 따른 미래형 지역 사회복지 모델을 제시하고자 한다. 4차 산업혁명 기술의 도입에 대응하여 지자체의 인구구조 특성에 부합하는 다양한 지역사회복지 행정서비스를 위한 사회복지전달체계 구축이 필요하다.

지역의 인구구조에 따른 지역을 유형화하고 지자체의 유형별 특성을 제시하고 전체 유형들을 단순화하여 몇 개의 지자체-페르소나(persona)로 재구성하였다. 지자체-페르소나에서는 인구의 규모, 증감, 전망, 주요 연령대를 포함하는 인구구조를 통하여 분석한 것이고 여기에는 지방인구소멸의 가능성이 높은 초고령화 농촌 유형, 상대적으로 인구소멸의 가능성이 낮은 대도시 서비스 기반 유형, 그리고 지방인구소멸의 가능성이 매우 낮은 제조업 기반도시 유형으로 나뉜다.

이들 세 가지 유형은 그 전달체계에 있어서 각각 노인복지 중심의 서비스, 지역별 차별화된 복지서비스, 다양한 수요 계층를 충족시키는 사회복지서비스로 방향이 나뉘게 된다. 그리고 이러한 목표를 달성하기 위한 4차 산업혁명 기술과의 연계는 다음과 같다.

첫째, 초고령화 농촌 유형을 살펴본다. 우선 노인복지와 관련된 사물인터넷 기반의 기술들을 도입해야 한다. 여기에는 홈스피커, 대화 및 상담을 위한 챗봇이나 홀로그램, 노인 거동감시기능, 자동추적기술과 같이 노인홈과 의료 및 상담서비스와 관련된 4차 산업기술이 중요한 역할을 할 것이다. 여기서 축적된 자료들은 빅데이터를 활용 노인행태 분석 기반 복지서비스로 연결되어 활용된다. 초고령화 농촌 유형에 필요한 또 다른 4차 산업혁명기술은 교통과 관련된 것이다. 이미 몇몇 지방자치단체들이 도입하고 있는 수요응답형 교통(DRT)의 경우는 무인자동차를 활용하여 그 역할을 극대화할 수 있다. 기존의 대중교통체계와의 조정과 법제도에 대한 개정을 통해서 무인자동차를 노인복지에 활용할 수 있는 여지는 충분히 있다. 민간부문의 전달체계에 있어서도 이러한 4차 산업혁명 기술을 활용할 수 있으며 특히 공공부문의 전달체계와의 연계성을 높이기 위한 빅데이터 활용과 민간복지서비스에서의 가상현실, 로봇 및 드론 등의 활용은 노인복지 서비스의 질을 높일 것이다. 마지막으로 블록체인을 활용하여 행정구역 개편에 따른 네트워크 지역에서의 지방재정에서 지역 내 지불결제 수단으로 사용할 수 있다.

둘째, 대도시 서비스 기반 유형을 살펴본다. 대도시에서는 복지취약 지역 중심으로 지역복지를 공급하는 것이 중요하기 때문에 이러한 지역을 선별하기 위한 지리정보시스템과 빅데이터 활용이 필요하다. 그리고 복지취약 지역으로 선별된 지역으로의 복지서비스 시설의 이전이나 신축을 해 줄 필요가 있다. 여기에는 해당 지역의 주택 및 건설 관련 공사 및 공기업을 활용하면 용이하게 할 수 있다. 대도시에서의 사회복지와 고용, 교육, 교통 연계형 서비스를 제공하기 위한 빅데이터와 인공지능을 활용한 지역의 성능이나 수요를 분석하고 이에 맞추어 필요한 복지 서비스를 연결해 주는 4차 산업혁명 기술이 요구된다. 특별히 수요응답형 교통(DRT)의 경우는 대도시에서도 공간적으로 필요한 지역들이 있기 때문에 이를 위한 무인자동차 및 자율운행버스 기술이 도입되어야 하고 이에 맞는 법 및 제도적 뒷받침이 요구된다. 대도시 서비스 기반에서도 블록체인을 활용한 지역 내 지불결제 수단을 활용한다면 지역경제에 좋은 영향을 줄 수 있다. 민간부문 복지전달체계의 경우에는 대도시 복지 취약지구 중심 복지서비스, 동 단위 사회복지 자치조직 중심 복지서비스와 함께 공공전달체계와 연계형 복지서비스, 그리고 지역 내 종교기관, 시민단체 및 협동조합 참여형 복지서비스를 위한 다양한 공유경제 사업화 기술을 활용할 필요가 있다.

셋째, 제조업 기반도시 유형을 살펴본다. 제조업 기반도시 혹은 세종시와 같은 전문화된 도시에서는 복지의 수요가 다양하고 지역별로 차별화될 수 있기 때문에 지역별 인구구조에 맞는 복지 서비스를 판단하거나 결정하기 위한 지리정보시스템과 빅데이터 활용이 필요하다. 그리고 각 지역별로 특성화된 복지서비스를 제공해 주어야 한다. 제조업 기반이나 공공부문 기반의 도시에서는 사회복지와 교육, 주거, 교통 연계형 서비스를 제공하기 위한 빅데이터와 인공지능을 활용해야 한다. 수요응답형 교통(DRT)의 경우는 기업도시에서도 직장과 주거지 간을 연결해 줄 필요가 있기 때문에 이를 위한 무인자동차 및 자율운행버스 기술이 도입되어야 하고 이에 맞는 법 및 제도적 뒷받침이 요구된다. 민간부문 복지전달체계의 경우에는 출산, 육아, 교육 중심 복지 서비스, 도시인구 특성 맞춤형 복지서비스, 동 단위 사회복지 자치조직 중심 복지서비스와 함께 공공전달체계와 연계형 복지서비스, 그리고 지역 내 종교기관, 시민단체 및 협동조합 참여형 복지서비스를 위한 다양한 공유경제 사업화 기술을 활용할 필요가 있다.

연구자가 제시한 인구구조 관련 변수를 종합적으로 고려하여 모델링한 자치단체 유형 중에서 그동안 학계에서 논의하였던 사회서비스 전달체계 개편 방안이나 현재 정부가 추진하고 있는 표준화된 사회서비스 전달체계 개편 방안을 염두에 두고 봤을 때 가장 차별적인 전달체계 모델을 탐색할 필요가 있는 자치단체는 초고령화 농촌유형이라고 할 수 있다. 가령, 초고령 농촌유형의 자치단체에 대해서는 표 18과 같이 규범적 관점에서 지역 사회서비스 전달체계의 개편 방안으로 제시되고 있는 일반론적인 기준을 적용하는 것이 용이하지 않는 현실적인 제약조건을 안고 있다.

초고령화 농촌유형에 해당하는 자치단체 중에서는 2030년이 되면 인구가 2만 미만으로 크게 감소하게 되는 자치단체가 전국적으로 27개(군 자치단체)에 이를 것으로 전망되고 있다. 또한 이들 자치단체는 고령화율이 평균적으로 47.3%에 이를 것으로 추정되고 있다(김순은, 2017). 따라서 이들 자치단체는 이러한 인구구조의 특성으로 인한 복지자원과 복지욕구의 변화 양상을 고려할 때 복지 · 보건통합 전달체계를 구축하는 것이 필요하고, 이러한 복지 · 보건통합 전달체계 모델로서 현 문재인 정부가 제시한 커뮤니티 케어 모델이 적합성을 갖추고 있다.

표 18 사회서비스 역할 강화를 위한 지역 전달체계의 개편 방향

	기존의 전달체계	향후 개편 방향
운영 방향	• 개별 공적 급여제도 중심 대상자 지원 • 영역, 기관별 분절적 운영 • 시설보호 중심 조치 • 관 주도	• 이용자 욕구중심 급여, 서비스 조합 • 포괄적, 통합적 서비스 대응 • 커뮤니티 케어 중심 지원 • 민관 거버넌스 강화
주요 대상	• 사회보장제도 수급 신청자 • 위기 가구	보편적 사회서비스 수요자
주요 기능	• 읍 · 면 · 동: 대상자 발굴 및 선정 중심 • 시 · 군 · 구: 예산집행 중심의 사업관리, 지역사회보장계획 수립 및 운용의 실효성 미흡	• 지역단위 서비스 수요, 공급 관리 • 서비스 부문별 적정 수준 확충을 위한 지역 방안 마련 • 서비스 제공을 위한 지역기반 협력체계 마련, 연계 · 의뢰 활성화 • 민간, 주민주도의 지역 역량 강화

자료: 강혜규(2019).

그러나 이들 초고령화 농촌유형에 해당하는 자치단체는 복지 · 보건통합 전달체계를 구축하기에 앞서 먼저 자치단체로서의 법적 지위를 계속 유지할 것인가, 아니면 인접 시 자치단체와의 통합을 할 것인가를 먼저 결정할 필요가 있다. 또한 계속 자치단체로서의 법적 지위를 유지하기로 한 경우에는 해당 자치단체 권역 내에서 공간재구조화 또는 집적화 방안을 모색할 필요가 있다.

이러한 검토 과정을 거쳐 초고령화 농촌유형 자치단체를 계속 자치단체로 존속시키는 것으로 결정한 경우에는 이들 자치단체는 도 단위에서 설치한 사회서비스원이 중심이 된 공공전달체계를 중심으로 사회서비스 전달체계를 구축하는 것이 서비스 격차 시정 및 서비스 품질 관리 측면에서 바람직할 것으로 판단된다. 또한 서비스 통합의 공간적 단위는 읍 · 면보다는 군 자치단체 수준이 적합하다고 할 수 있다. 인구가 과소한 읍 · 면 단위에서는 사회서비스의 파편성과 분절성을 극복하기 어렵기 때문이다(김보영, 2019). 아울러 서비스 수요가 크지 않은 특정 사회서비스에 대해서는 거점 역할을 하는 인근 시 자치단체를 중심으로 인접 자치단체와 함께 서비스 특별구를 구성하여 운영하는 방안도 검토해 볼 수 있다.

이처럼 인구 과소지역이 하나의 독립된 자치단체로서 사회서비스 전달체계를 구축하여 운영하는 과정에서는 인구구조 및 공간구조의 제약조건으로 인해 비효율성이 발생할 수밖에 없다. 또한 서비스 품질 관리도 쉽지 않은 약점을 안고 있다. 바로 이러한 문제를 해결해 줄 수 있는 기술적 요소가 4차 산업혁명의 요체인 빅데이터, 인공지능, IoT, 블록체인 등을 포함한 디지털기술이라고 할 수 있다. 디지털기술을 활용하면 인구과소 지역인 초고령화 농촌형 자치단체도 효율적이고 고객지향적인 맞춤형 사회서비스 전달체계를 구축하여 운용할 수 있다. 인구구조의 변화에 따른 사회복지 전달체계 재구축 과정에서 디지털기술을 접목해야 할 필요성과 중요성은 이런 맥락에서 도출된다고 할 수 있다.

2) 기대효과

본 연구의 기대효과는 다음과 같다. 첫째, 학문적으로는 4차 산업혁명 기술과 행정서비스의 결합을 제시하는 연구로 융합연구의 새로운 지평을 열수 있을 것이다. 둘째, 사회적으로는 지자체의 주요 사회복지 업무에서 인공지능, 자율주행차, 챗봇, 블록체인, 드론 등과 같은 4차 산업혁명기술이 어떻게 효과적으로 활용될 수 있을지에 관한 방향을 제시할 것이다. 셋째, 행정적 측면에서 지자체 맞춤형 행정 서비스의 고도화에 따른 지역 사회복지 행정 효율화가 이루어짐에 따라 주민들의 행복지수가 높아질 수 있을 것이다. 넷째, 교육적 측면에서 4차 산업혁명에 관련한 연구결과의 축적에 따라 새로운 연구의 표본을 제시함으로써 대학교육의 측면에서 상당한 기여가 있을 수 있다.

본 연구의 활용방안은 다음과 같은 여섯 가지 측면에서 이루어지는 것이 바람직하다. 첫째, 지자체 인구구조 변화에 따른 인구 감소 및 지역쇠퇴를 겪고 있는 지역을 위한 특별법 등을 제정하고 이를 통한 직접 지원은 매우 신속하고 확실하게 지역쇠퇴를 늦추며 더 나아가 지역 발전의 밑거름이 될 수 있도록 해야 한다. 이러한 특별법 하나만으로 지역의 복지를 완벽히 해결할 수 없지만 특별법을 통한 쇠퇴 지역에 대한 배려는 새로운 변화를 이끌어 낼 것이다. 둘째, 인구구조변화, 특히 급격한 인구감소를 겪는 지역들에 대한 일괄적인 지원보다는 유형별로 차별성이 있는 지원을 위한 지원법을 마련해야 한다. 여기에서 가능한 유형을 나누어 본다면 농촌지역을 중심으로 한 저출산 및 고령화 지역, 대도시의 구도심의 인구유출지역, 기반산업이 몰락하거나 산업재구조화가 이루어지는 지역 등이 있을 것이다. 이러한 인구쇠퇴 유형별 지원법이 마련된다면 인구 감소 및 지역쇠퇴를 적절하게 대응할 수 있는 지역사회 복지정책들을 제시할 수 있게 될 것이다. 셋째, 인구감소지역의 규모 및 산업기반에 따른 차별적, 선별적 지원이 있어야 한다. 인구감소지역은 시·군·자치구에 따라서 그 감소요인이 다르고 특별히 군의 경우는 인구감소에 따른 지역쇠퇴의 파급효과가 시나 자치구에 비해서 심각하게 나타나고 있다. 따라서 이러한 자치단체별 규모에 따른 차별적 혹은 선별적인 지원이 필요하다. 또한 지역의 경제기반이 농업인지, 제조업인지, 광산업인지 아니면 관광업인지 등에 따라서 차별성이 있는 지원도 마련되어야 한다. 넷째, 인구감소지역에 대한 복지전달체계 개편, 복지 창구의 일원화 및 재원마련이 있어야 한다. 우리나라에서는 대표적인 인구감소지역들인 낙후지역을 오지, 도서, 접경지역, 개발촉진 지구 및 기타 낙후지역으로 나누어서 지원하고 있다. 동시에 중앙정부의 각 부서별로 광의의 낙후지역들에 대해서 산발적으로 지원하고 있는 실정이다. 이러한 구조로 말미암아 인구감소지역에 대한 혜택은 지속성이 낮고 지역주민들에게 실질적인 도움이 안 되는 경우가 많다. 특별히 중복지원의 문제가 계속해서 제기되고 있다. 이러한 문제를 해결하기 위해서 지원창구를 일원화할 필요가 있으며 지속적인 지원을 위한 재원을 마련해야 한다. 다섯째, 교육 및 의료기관에 대한 지원정책이 있어야 한다. 인구감소를 통해 지역이 쇠퇴하게 되는 주된 이유 중 하나는 교육의 질로 나타나고 있다. 인구 감소 및 지역쇠퇴를 경험하는 곳을 직접적으로 지원할 수 있는 방안은 양질의 교육 서비스이다. 우수한 교육기관을 인구감소 및 지역쇠퇴를 겪고 있는 곳에다 전략적으로 입지시킬 필요가 있으며, 이를 통해 기본적으로 해당 지역의 인구의 유출을 막고 더 나아가 타 지역의 인구를 흡수할 수 있는 강력한 수단이 될 수 있다. 또한 일부 인구감소 및 지역쇠퇴를 경험하고 있는 장소의 의료 서비스문제는 심각하게 제기되고 있다. 의료서비스는 특히 지역 접근성이 낮은 곳에서 더욱 큰 문제로 나타난다. 따라서 이러한 의료서비스에 대한 지원정책이 있어야 한다. 여섯째, 복지에 대한 지방재정을 아끼면서도 효과적으로 실시할 수 있는 공공분야의 다양한 정책과 전략을 수립할 수 있게 될 것이다. 인구대비 공무원 수가 너무 많은 지자체의 지방행정 조직개편 등을 실제적으로 제안할 수 있는 근거자료를 제시할 수 있게 된다는 점에서도 의의를 가진다. 일곱째, 본 연구에서 제안한 대로 4차 산업혁명기술을 통한 다양한 기술적 지원이 지역적 특성에 맞추어 지원되고 이를 위한 지역사회 복지전달체계 개편이 이루어진다면 인구감소 및 고령화시대를 극복할 수 있는 보다 효과적인 복지정책이 될 것이다.

참고문헌

Choi, Changkyu, “The Effect of the Internet on Service Trade”, Economics Letters 109(2), Nov. 2010, pp. 102-104.

Choi, Changkyu, and Myung Hoon Yi, “The Effect of the Internet on Economic Growth: Evidence from cross-country panel data”, Economics Letters 105, 2009. Oct. pp. 39-41.

Choi, Changkyu, and Myung Hoon Yi, “The Internet, R&D Expenditure and Economic Growth”, Applied Economics Letters, Vol. 25, No. 4, 2018. pp. 264-267.

Hamill, Julie, Blockchain Technology: Local Government Applications And Challenges, Los Angeles: An International City/County Management Association (ICMA) and Government Finance Officers Association (GFOA), 2018.

Patti, R. J., Social Welfare Administration: Managing Social Programs in a Developmental Context, Englewood Cliffs, NJ: Prentice-Hall, 1983.

Pierson, C., Beyond the Welfare State?, Pennsylvania: The PennsylvaniaState University Press, 1991.

The White House, “Artificial Intelligence, Automation, and the Economy,” Executive Office of the President, December 2016.

강혜규 외, 「사회서비스 정책 전망과 과제」, 『보건복지포럼(2019.1)』, 2019, pp.7-18.

고길곤, 김대중(2017), 『저출산 · 고령화 모니터링 지표 개발을 위한 조사연구』, 감사원.

곽현근,「동네관련 사회자본의 영향요인에 관한 요인」,『한국사회와 행정연구』, 제14권 제3호, 2003, pp.259-285.

관계부처 합동(2018.12.14.),『사회서비스원 설립·운영 방안』2018.

구용현 ,「길음 뉴타운의 원주민과 이주민 간의 도시 만족도 비교에 관한 연구」,『국토연구』, 제54권, 2007, pp.79-95.

국토연구원,「세계화와 인구감소 추세에 대응한 독일의 새로운 국토계획 방향」,『국토정책 Brief』, 113호, 2006.

권상철,「우리나라 수도권으로의 인구이동 시기별 유출지역 특성과: 이주자 선별성의 상대적 중요도 평가」,『한국지역지리학회』, 제11권 제6호, 2005, pp.571-584.

권일, 김정연, 마상열, 송미령, 오용준, 이만형, 장경석,「인구감소시대의 도시정책과제」,『도시정보』, 1월호, 2011, pp.5-21.

기정훈,「America's High-Tech Centers: Their Metropolitan Location and the Role of Educated and Creative Workforce」,『도시행정학보』, 제21권 제1호, 2008, pp.3-27.

기정훈, 임경수, 장준철, 민준영, 주필주,『취약지역의 접근성 제고방안』, 한국교통연구원, 2017.

기정훈, 허근숙,「인적자본 집적도시의 형성과 성장에 관한 연구 -준-실험계획법을 통한 도시군(group)간 비교연구-」,『도시행정학보』 제22권 제2호, 2009, pp.31-56.

기정훈 외,『빅데이터 기반 국가전략 수립 활성화 방안』, 한국행정연구원, 2017.

김광주, 송미경, 조병설, 이만형,「인구감소세대의 도시관리 정책에 대한 동태적 분석」,『한국 시스템다이내믹스 연구』, 11(4), 2010, pp.77-96.

김귀곤, 김훈희,「도시지속성지표 개발과 적용에 관한 연구」,『국토학회』, 제32권 제3호, 1997, pp.3175-3195.

김규판 · 이형근 · 김종혁 · 권혁주,『주요국의 4차 산업혁명과 한국의 성장전략:

미국, 독일, 일본을 중심으로』, 연구보고서 17-07, 대외경제정책연구원, 2017년 12월.

김명중,「인구감소시대에 진입한 일본의 저출산 현황과 대책」,『국제노동브리프』, 한국노동연구원, 2005, pp.70-79.

김영철, 이우배,「지방자치단체 행정구역 통합의 성과 평가에 관한 연구」,『지방정부연구』, 17(1), 2013, 181-204.

김보영,「구호와 형식만 요란한 공공성? 문재인 정부 사회서비스 및 공공 전달체계 정책 평가」,『복지동향』, 2019, 22-31.

김부성,「고령군의 인구감소와 고령화」,『한국지역지리학회지』, 15(1), 2009, pp.36-52.

김상민, 박진경,「지방자치단체의 인구감소 및 인구구조 변화 대응전략: 강원도 화천군을 사례로」,『지방행정연구』, 제32권 제1호, 2018, pp.125-160.

김선남, 이환수,「개인정보 사후거부 방식 도입을 위한 비식별화 현황 분석」,『2016 한국경영정보학회 춘계학술대회』, 2016, 336-341.

김순은 외,『자치단체별 사회 인구구조 변화와 추계』, 지방자치발전위원회, 2016.

김순은,「고령화에 따른 지방행정의 영향과 향후 대책」,『지방행정연구』, 31(1), 2017, 3-34.

김순은, 권은주, 김인태, 주용덕,『자치단체별 사회 인구구조 변화와 추계』, 지방자치발전위원회, 2016.

김영종,『사회복지행정론』, 학지사, 2007.

김용득,「커뮤니티 케어, 무엇을 어떻게 해야 할까?」,『복지동향』, 2018.

김용웅,「인구감소시대의 도시정책과제」,『도시정보』, 1월호, 2011, p.4.

김용현 외,『충남도 농촌지역 복지 · 보건 통합전달체계 구축 방안 연구』, 충남연구원, 2015.

김종순, 장경원,『인구 고령화가 지방재정에 미치는 영향에 관한 연구』, 국회예산정책처, 2018.

김형식 · 이영철 · 신준섭,『사회복지행정론』, 동인, 2002.

김형철,「도시재생을 위한 도시특성 및 유형분석 연구」,『경원대학교 대학원 석사학위논문』, 2009.
김홍관, 강기철,「도시재생을 위한 부산시의 재생지역 분석에 관한 연구」,『한국지리정보학회지』, 제11권 제1호, 2008, pp.167-177.
남진열,『지역사회복지전달체계의 문제점과 개선방안』, 제주대학교, 2010.
노병일, 곽현근,「동네의 맥락적 특성이 주민의 정신건강에 미치는 영향: 동네빈곤, 무질서, 네트워크 형성을 중심으로」,『보건과 사회과학』, 제17권, 2005, pp.5-31.
농촌경제연구원,『2017 농업전망』, 2016년.
박건원,『4차 산업혁명 관련 신산업 해외 경쟁력 설문조사 분석』, Global Market Report 18-008, KOTRA, 2018년 3월.
박광덕,「사회복지공급체계의 공사역할분담 모형정립」,『한국행정학보』, 제31권 제4호, 1997.
박대식 외,『농어촌 사회복지전달체계 개선에 관한 연구』, 한국농촌경제연구원, 2012.
박병호, 김준용,「우리나라 중소도시의 쇠퇴유형 분석」,『한국도시지리학회지』, 제12권 제3호, 2009, pp.125-137.
박병호, 한상욱, 인병철,「우리나라 대도시 도심쇠퇴의 패턴에 관한 비교분석」,『한국도시지리학회지』, 제11권 제3호, 2010, pp.101-111.
박지현,『장래인구변화와 지방재정의 지속가능성에 관한 연구』, 한국지방세연구원, 2015.
박진경, 김상민,『인구구조 변화에 대응한 유형별 지역발전전략 연구』, 한국지방행정연구원, 2017.
보건복지부,『보건복지부, 사회서비스원 설립 본격 추진』, 보도자료, 2019a.
보건복지부,『지역사회 통합 돌봄(커뮤니티 케어) 선도사업 추진계획』, 2019b.
보건복지부,『사회보장 정보전달체계 개편 기본방향』, 보도자료, 2019c.
석재은,『커뮤니티 케어와 장기요양 정책과제』,『복지동향(2018.8)』, 2018.
송상열,「비성장형도시의 쇠퇴원인분석과 도시재생 방안에 관한 연구」,『강원대학교 대학원 박사학위논문』, 2007.

송호정, 「도심 쇠퇴 원인 분석과 재생 방안에 관한 연구」, 『동신대학교 대학원 석사학위논문』, 2008.

연합뉴스, 『시도별 인구이동 현황 (2016년 기준 순 이동률)』, 2017.

오강탁, 박선주, 『제4차 산업혁명 시대의 새로운 도시 전자정부 구상 전략』, 제4차 산업혁명과 도시의 진화, 세계와 도시 14호, 2016년 6월, pp. 16-28.

오용준, 「인구감소시대 지속가능한 도시정책방향」, 『인구 감소시대를 맞이한 문재인 정부 국토도시, 균형발전 정책방향』, 충남연구원, 2018.

윤현위, 「인천 구도심의 지역변화에 관한 연구 -구도심 쇠퇴와 도시재생사업을 중심으로-」, 『건국대학교 대학원 석사학위논문』, 2008.

이경은 · 김순은, 「유형별 지방정부의 고령화와 향후 과제」, 『한국지방정부학회 학술대회자료집』, 2014, 516-544.

이민화 외, 『IT를 통한 금융혁명, 핀테크』, 창조경제연구 제14회 정기포럼, 2015. 2.

이상훈, 이정훈, 『지방자치단체 행정구역 통합의 재정효율성 성과 평가』, 2017, 한국지방세연구원.

이성규, 『사회복지서비스 민간전달체계 개선방안 연구』, 보건복지부, 2008.

이세규, 「주민지향적 도시재개발 및 재생정책을 위한 실증연구: 쇠퇴지표에 의한 지각차이를 중심으로」, 『지방행정연구』, 제25권 제2호, 2011, pp.389-412.

이수창, 김광주, 「지방자치단체 공무원 규모 영향요인에 관한 연구 -인구증가 군과 인구감소 군의 비교를 중심으로-」, 『한국행정논집』 20(3), 2008, pp.795-813.

이승현, 김영, 「건강도시지표를 이용한 건강도시계획」, 『대한국토도시계획학회 추계정기학술대회 논문집』, 2007, pp.405-412.

이영성, 김예지, 김용욱, 「도시차원의 쇠퇴실태와 경향」, 『한국도시지리학회지』, 제13권 제2호, 2010, pp.1-11.

이인희, 「우리나라 중소도시 쇠퇴실태와 특성」, 충남발전연구원, 2008.

이준영, 「복지급여의 효율성 제고를 위한 사회복지 전달체계의 개선방안 연구」,

국회입법조사처, 2011.

이현주, 유진영, 「공공 사회복지 전달체계의 변화와 정책적 함의」, 한국보건사회연구원, 2015.

이현주, 「서울시 복지전달체계 개편의 특징과 이슈」, Seoul Economic Bulletin, 2016.

이홍섭, 「러시아의 인구감소: 현황과 장래」, 『월간 아태지역동향』, 11월호, 2003, pp.9-13.

이희연, 심재헌, 노승철, 「도시 내부의 쇠퇴실태와 공간패턴」, 『한국도시지리학회지』, 제13권 제2호, 2010, pp.13-26.

임병우 외, 『커뮤니티 케어 현황과 쟁점: 일본 기초자치단체 사례를 중심으로』, 경기복지재단, 2018.

임준홍, 황재혁, 이관률, 「충청권 도시쇠퇴의 특성과 영향구조분석: 전문가 의식조사를 중심으로」, 『국토연구』, 제63권, 2009, pp.123-139.

임형백, 「농촌개발과 지역균형발전」, 『농촌활력론』, 서울대학교출판문화원, 2010, pp.227-263.

장경석, 유재국, 「목표인구 과다설정에 기초한 지역개발사업 추진의 문제점과 대응과제」, 『현안보고서』, 제82호, 2010, 국회입법조사처.

장희순, 송상열, 「우리나라 비성장형도시의 특성분석에 관한 연구」, 『한국지역개발학회지』, 제19권 제2호, 2007, pp.73-94.

정성호, 「인구변화와 인구정책」, 『사회과학연구』 15(1), 2009, pp.29-45.

조선일보, 「인구감소지역, 경제활성화 기대 못해」, 이슈 & 현장, 조선일보 2009. 3.18.

조진희, 이동건, 황희연, 「도시쇠퇴 수준 및 특성 유형화」, 『국토지리학회지』, 제44권 제1호, 2010, pp.35-50.

주만수, 「인구구조변화와 사회복지지출 관련 지방교부세제도」, 『한국지방재정학회 세미나자료집』, 2007, pp.131-154.

주재복 외, 「인구 과소군의 행정운영 실태 및 문제점 분석」, 『한국정책학회 동계학술논문발표집』, 한국정책학회, 2016.
최병호,「인구구조변화, 사회복지지출과 보통교부세제도 개선과제」,『Local Finance Magazine』, 2008, pp.22-33.
최성재 · 남기민,『사회복지행정론』, 나남출판, 2007.
최용환,「지방소멸시대의 지방자치단체 간 상생협력 방안」,『한국지방자치학회 2019 하계학술대회 발표집』, 2019.
최진호,「인구감소시대의 도시서비스 변화」,『월간국토』, 2009, pp.30-39.
최현선,『상생발전을 위한 지방정부간 재정거버넌스에 대한 사례 연구』, 정책과제 2012-16, 한국지방세연구원, 2012.
통계청.『장래인구추계: 2015~2065년』, 통계청, 2016.
하능식, 임성일,「지역의 인구구조가 지방재정에 미치는 영향」,『한국지방재정논집』, 제12권 제1호, 2007, pp.77-98.
한국경제연구원,「빅데이터 산업활성화를 위한 개인정보 보호규제 개선 검토」,『KERI Brief』, 2015.12.22, pp.15-28.
한국정보화진흥원,「개인정보보호 법제로 인한 빅데이터 활용 한계사례 조사 분석」.『빅데이터 기획보고서』, 제4호, 2015년 12월.
한국은행,「인구가 지역경제에 미치는 영향」, 한국은행 광주, 전남지역본부, 2008.
한국지방행정연구원,『4차 산업혁명시대의 지자체 일자리 대응 전략』, 한국지방행정연구원, 2017.
한국지방행정연구원.『인구감소시대의 새로운 지역발전정책방안』, 한국지방행정연구원, 2017.
한국지역정보개발원,『2016년 지역정보화 이슈 리포트 제6호: ICBM 현황과 스마트시티 구축방안』, 한국지역정보개발원.
한국지역정보개발원,『2016년 지역정보화 이슈 리포트 제7호: 제4차 산업사회, 스마트시티로 대응하다』, 한국지역정보개발원.
한국지역정보개발원,『2017년 지역정보화 이슈 리포트 제10호: 머신러닝과 공공데이터의 융 · 복합 및 활용사례』, 한국지역정보개발원, 2017.

한국지역정보개발원, 『2017년 지역정보화 이슈 리포트 제3호: 인공지능을 연계한 스마트시티 추진 전략』, 한국지역정보개발원.

한국지역정보개발원, 『2017년 지역정보화 이슈 리포트 제4호: 사물 소물인터넷의 활용 기술과 지역정보화』, 한국지역정보개발원.

한국지역정보개발원, 『인공지능 기술 활성화를 위한 정보화사업 제도 개선 연구』, 한국지역정보개발원, 2018.

한동우, 『문재인 정부의 사회복지 전달체계 개편의 과제』, 보건복지포럼, 2017.

행정안전부, 『2018년 주민자치형 공공서비스 구축 추진계획』, 보도자료, 2018.5.

행정안전부, 「복지사각지대, 빅데이터로 빈틈없이 찾아낸다」, 『대한민국 정책브리핑』, 2019.1.24.

허필우, 홍자연, 『블록체인 기술의 지방행정 활용방안』, 부산과학기술기획평가원, 2018.

현대경제연구원, 『4차 산업혁명 시대의 국가혁신전략 수립 방향』, 한국경제연구원, 2017.

현외성, 『사회복지정책강론』, 양서원, 2005.

홍성효, 유수영, 「세대별 시군구 간 인구이동 결정요인에 관한 실증분석」, 『서울도시연구』, 제13권 제1호, 2012, pp.1-19.

홍진환, 김준호, 박찬희, 「보건의료 생태계의 공진화에 관한 연구」, 『보건경제와 정책연구(구 보건경제연구)』, 18권 3호, pp.53-77, 2012.

황규선, 권숭, 「인구구조변화가 사회복지지출을 포함한 국가재정에 미치는 영향에 관한 실증적 분석」, 『사회보장연구』, 제21권 제4호, 2005, pp.37-55.

아산재단연구총서

001 전환기의 중국경제
김윤환 외 | 단국대 경제학과

002 폴란드 경제의 변천 개혁과 그 전망
김광수 | 숭실대 경제학과

003 재소한인
이광규 외 | 서울대 인류학과

004 소련산림과 임업
홍성천 외 | 경북대 임학과

005 아세안의 정치경제
김국진 외 | 외교안보연구원

006 태국의 사회변동과 경제발전
최석만 외 | 전남대 사회학과

007 중국의 사회경제 통계분석
신한풍 외 | 고려대 통계학과

008 중국의 정치와 경제
박두복 외 | 외교안보연구원

009 동유럽의 개혁과 시장경제의 도입
허만 외 | 부산대 사범대학

010 동유럽의 개혁운동
박영신 | 연세대 사회학과

011 현대 러시아 연구
기연수 외 | 한국외대 노어과

012 전략적 선택과 기업의 국제경쟁력
이장호 | 서강대 경영대학

013 협동사회의 정착과 정부의 역할
이종범 외 | 고려대 행정학과

014 한국 제조기업 생산성의 동적 분석
노부호 외 | 중앙대 경영대학

015 분배의 정의
변형윤 외 | 서울대 경제학과

016 도덕적 행동의 강화
이훈구 외 | 연세대 심리학과

017 관료부패와 통제
김해동 외 | 서울대 행정대학원

018 한국경제의 내실 있는 성장
정창영 외 | 연세대 경제학과

019 한국국민정신운동의 역사와 발전방향
박수명 외 | 부산대 사범대학

020 한국대학생의 가치성향과 상담효과
이영희 외 | 숙명여대 교육학과

021 가출청소년과 학교관리체제
안창규 외 | 부산대 교육학과

022 동북아 정세변화와 한 · 일관계
한승조 외 | 고려대 정치외교학과

023 언론과 부정부패
정대철 외 | 한양대 신문방송학과

024 한국의 고등학교 교육
이원호 외 | 부산대 교육학과

025 가족과 방송
김학수 외 | 서강대 신문방송학과

026 재정개혁의 전망과 재산세제의 개편과제
오연천 | 서울대 행정대학원

027 청소년을 위한 전자게임 프로그램의 규제 및 평가체계 개발
박혜원 외 | 울산대 가정관리학과

028 정신장애자 가족의 사회심리적 특성
이근후 외 | 이화여대 의과대학

029 가족의 관계역동성과 문제인식
이광규 외 | 서울대 인류학과

030 현대인과 한국전통음식
승정자 | 숙명여대 식품영양학과

031 기업의 초고속정보통신망활용
안중호 | 서울대 경영학과

032 지역발전을 위한 교육자치제의 개선방안
김남순 | 조선대 사범대학

033 전환기의 공무원 가치관
조경호 | 울산대 행정학과

034 지방자치와 사회복지의 과제
김영모 | 중앙대 사회복지학과

035 WTO체제하의 지방중소기업 지원정책
최명주 외 | 계명대 통상학부

036 현대한국의 시민운동
이효선 | 중앙대 사회학과

037 기업 세계화의 단계 및 정도의 측정
허영도 외 | 울산대 경영학과

038 가족복지를 위한 가족주치의 시범사업의 효과
이혜리 외 | 연세대 가정의학교실

039 한국대학생의 삶의 만족도
김재은 외 | 이화여대 교육심리학과

040 지역경제와 지역산업구조의 개편방향
정기화 외 | 전남대 경제학부

041 중국기업의 소유형태별 경영특성
노철화 외 | 부산대 무역학과

042 남북한의 인성 · 사상교육
한승조 외 | 고려대 정치외교학과

043 연계적 뇌기능 조언을 위한 의료용 멀티미디어 시스템의 설계
유선국 | 연세대 의용공학교실

044 다민족국가의 민족문제와 한인사회
최협 외 | 전남대 인류학과

045 저소득층지역 청소년 여가문화와 소집단 활성화
박문수 외 | 서강대 사회학과

046 삶의 질의 국제비교와 지역간 비교분석
이재기 외 | 울산대 경제학과

047 21세기 지역주민의 삶의 질
양종회 외 | 성균관대 사회학과

048 삶의 질에 대한 국가간 비교
조명한 외 | 서울대 심리학과

049 외국인 노동자의 노사관계와 사회적 적응
석현호 외 | 성균관대 사회학과

050 한국의 사법제도와 발전 모델
정종섭 | 건국대 법학과

051 고령화사회와 중상층 노인의 사회활동
조성남 외 | 이화여대 사회학과

052 한국의 서비스 시장 개방정책
한홍렬 | 한양대 경제학부

053 한국과 AFTA간의 교역증진 및 경제 협력방안
손일태 외 | 경희대 경제통상학부

054 물류비 절감을 위한 무역업체의 정보화전략
이영수 외 | 경북대 경제통상학부

055 사회주의 체제전환과 사회정책
오정수 외 | 충남대 사회복지학과

056 남북통일 이후 농업생산체계 개편
홍성규 외 | 건국대 농업경제학과

057 국제화와 세계화
하영선 외 | 서울대 외교학과

058 IMF 개혁정책의 평가와 한국경제의 신(新) 패러다임
조동근 | 명지대 경제학과

059 구조개혁과 실업대책
박동운 | 단국대 경제무역학부

060 21세기 신노사관계
심윤종 외 | 성균관대 사회학과

061 학교에서의 집단 따돌림
이춘재 외 | 가톨릭대 심리학과

062 한국노인의 정신건강실태와 건강증진
조맹제 외 | 서울대 의과대학

063 혁명과 개혁 속의 중국 농민
김광억 | 서울대 인류학과

064 중국의 경제환경과 한국기업의 진출 전략
지용희 외 | 서강대 경영학과

065 김대중 대통령의 시스템 사고
김동환 | 중앙대 공공정책학부

066 실업과 가족해체
최일섭 외 | 서울대 사회복지학과

067 합리적 부채비율 조정방안
오상근 | 동아대 경제학과

068 한국 중산층의 생활문화
문숙재 외 | 이화여대 소비자 · 인간발달학과

069 계층간 갈등상태에서 최적소득세
김진욱 | 건국대 경상학부

070 글로벌 경쟁력 제고를 위한 기업전략과 조직구축
이만우 외 | 고려대 경영학과

071 의료보험과 국민연금의 관리효율화를 위한 통합방안
사공진 외 | 한양대 경제학부

072 정부개혁의 과제와 전략
박우서 외 | 연세대 행정학과

073 책임운영기관 제도에 관한 비교분석
김근세 | 가톨릭대 행정학과

074 새로운 패러다임하에서의 한국기업의 바람직한 지배구조
최운열 외 | 서강대 경영학과

075 현대 한국사회의 계층구조
양춘 외 | 고려대 사회학과

076 한국의 산업정책과 산업구조조정
강인수 | 숙명여대 경제학부

077 기업구조조정
김석진 | 경북대 경영학부

078 지식경영을 위한 인적자원 개발 및 관리체계
장영철 | 경희대 경영학부

079 뉴 비즈니스 모델
전성현 | 국민대 정보관리학부

080 중산층의 정체성과 소비문화
함인희 외 | 이화여대 사회학과

081 외국관광객 유치를 위한 마케팅 전략
박상규 | 강원대 경영학과

082 한국인의 세대별 문학의식
이동순 | 영남대 국문과

083 공공부문의 효율성 평가와 측정
김재홍 외 | 울산대 사회과학부

084 한국 청소년의 정치의식과 형성요인
김광웅 외 | 숙명여대 아동복지학과

085 한국 대학생의 정치의식
배한동 | 경북대 윤리교육과

086 산업의 정보화와 산업발전
이기동 | 계명대 통상학부

087 한국 제조업의 고용조정 분석
이종원 외 | 성균관대 경제학부

088 지식자산에 대한 경영전략적 평가모형 개발
배재학 외 | 울산대 컴퓨터 · 정보통신공학부

089 관광사업을 위한 한국적 이미지의 휴식복 개발
채금석 | 숙명여대 의류학과

090 한국 정치제도의 개혁
신정현 | 경희대 사회과학부

091 e비즈니스와 아웃소싱 전략
정승화 외 | 연세대 경영학과

092 집단 따돌림의 진단 및 치료방안
홍준표 | 중앙대 인간생활환경학과

093 16대 총선과 낙선운동
조기숙 | 이화여대 국제대학원

094 부동층 유권자 행태 분석
진영재 | 연세대 정치외교학과

095 사이버 공동체의 성공요인
이재관 | 숭실대 경영학부

096 온라인 소비자 행동의 이론과 실증
윤성준 | 경기대 경영학부

097 글로벌 시대 정약용 세계관의 가능성과 한계
차성환 | 한일장신대 역사사회학과

098 러시아의 체제전환 과정에서 나타난 국가의 역할과 그 전망
이상민 외 | 부산대 정치외교학과

099 남북한의 경제발전 수준과 산업구조 비교, 그리고 경제교류 협력방향
주성환 | 건국대 경제학과

100 집단따돌림과 교육해체
한준상 | 연세대 교육학과

101 공적연금제도의 효율성과 개선방안
유금록 | 군산대 행정복지학부

102 벤처기업-대기업의 성공적인 협력 모델
나중덕 | 경산대 경영학과

103 북한의 재외동포정책
조정남 외 | 고려대 정치외교학과

104 사이버 공동체 형성의 역동적 모형
장용호 | 서강대 신문방송학과

105 기업이론과 기업의 소유지배구조
김일태 외 | 전남대 경제학부

106 가축분뇨 자원화를 위한 공동이용 조직에 대한 농가선호도 분석
유덕기 | 동국대 생명자원경제학과

107 개혁정책과 전문가 집단
이경원 외 | 제주대 행정학과

108 현대 한국사회의 이중가치체계
신수진 외 | 이화여대 가정관리학과

109 한국의 산업구조 변화와 기업집단 다각화 전략
김용학 외 | 연세대 사회학과

110 지식정보사회의 경제적 모형 설정 및 사례 연구
김범환 | 배제대 경영정보학부

111 변호사징계제도
오종근 | 한림대 법학부

112 인터넷 특허법
김순석 | 광주대 법학과

113 e-비즈니스 시대의 금융 및 재정정책의 새로운 패러다임
이종욱 | 서울여대 경제학과

114 청소년의 하위문화와 정체성
조성남 | 이화여대 사회학과

115 디지털금융시대의 금융구조변화와 정부규제 및 정책
이충열 | 고려대 경제학부

116 지식경영을 위한 기업의 조직설계방안
김경수 외 | 전남대 경영학과

117 전자금융의 발달과 경제정책의 새로운 패러다임
이명훈 | 명지대 경제학과

118 동아시아의 안보와 유엔체제
강성학 편저 | 고려대 정치외교학과

119 유료 치매노인 그룹홈의 개발과 관련 정책
최정신 외 | 가톨릭대 소비자 · 주거학과

120 소비자 지향적 문화산업 정책
홍영준 | 호남대 광고홍보학과

121 국제 · 국가 · 지방 환경규제의 연계
정준금 외 | 울산대 행정학과

122 현행 회사 합병 · 분할제도의 평가와 개선방안
옥무석 외 | 이화여대 법학과

123 배려지향적 도덕성과 정의지향적 도덕성
정옥분 외 | 고려대 사범대학

124 기업구조조정에 대한 채권금융기관 및 금융감독기관의 역할과 책임
이중기 | 한림대 법학과

125 실업대책으로서 한국의 법정기준근로 시간 단축
박영범 | 한성대 경제학과

126 프랑스어의 비분리성 소유개념 표현
노윤채 | 연세대 언어정보연구원

127 지방채의 효율적 관리방안
강태구 | 호원대 법행정학부

128 21세기 산업구조 변화와 과학기술정책
임채성 외 | 그리스도신학대 경영정보학부

129 인터넷 쇼핑몰 이용자의 불평행동
예종석 | 한양대 경영학부

130 한국기업의 성과급제도 현황, 효과 및 개선방안
김성수 | 서울대 경영학과

131 전자상거래와 소비자보호
서민교 외 | 경일대 인터넷국제통상학과

132 평생학습 사회에서의 인적자원개발을 위한 사회적 파트너십 구축
김영화 | 홍익대 교육학과

133 한국 공교육의 새로운 구상과 전략
권대봉 외 | 고려대 교육학과

134 한국의 정부개혁
김태룡 | 상지대 행정학과

135 지방정부 생산성 측정의 이론과 실제
이은국 외 | 연세대 행정학과

136 불가 시문학론
배규범 | 경희대 학술연구 교수

137 남북경제교류의 법적 문제
제성호 | 중앙대 법학과

138 경제위기와 청소년 발달
구인회 | 서울대 사회복지학과

139 생명과학기술의 응용과 기본권보호적 한계
정상기 외 | 한남대 법학과

140 경제발전과 정치환경의 한 · 일 비교분석
정갑영 외 | 연세대 동서문제연구원

141 한국 공교육의 진단
윤정일 외 | 서울대 교육학과

142 우리나라 지방자치 발전을 위한 자치단체장의 역할
정성호 외 | 경기대 사회과학부

143 의료보험제도의 개혁방안
권순원 | 덕성여대 경제학과

144 중등 도덕교육의 현실과 문제
손동현 외 | 성균관대 철학과

145 사이버공동체 발전론
이명식 | 상명대 경영학과

146 남북경협 확대에 대비한 북한 담보제도의 정비방안
박훤일 | 경희대 법과대학

147 한국 공무원 인사제도 개혁
김판석 | 연세대 행정학과

148 교사화법 교육
임칠성 외 | 전남대 국어교육과

149 세계화의 문화정치학
임혁백 외 | 고려대 정치외교학과

150 효과적인 e-SCM을 위한 의사결정조정 시스템 모형
이원준 | 성균관대 경영학부

151 환경거버넌스
김종순 외 | 건국대 행정학과

152 자동차산업의 인적자원관리
이덕로 | 서원대 경영학부

153 한국과 영국 간 지식기반산업 비교
이명호 | 한국외대 경영학과

154 한국 벤처기업의 기술네트워킹 및 기술마케팅 전략
장영일 | 인제대 경영학부

155 회사변호사의 윤리
오승종 | 성균관대 법과대학

156 미디어교육론
이정춘 | 중앙대 신문방송학과

157 조선시대 서원과 양반
윤희면 | 전남대 역사교육과

158 환경문제와 철학
박찬국 | 서울대 철학과

159 노인보건복지 이론과 실제
김명 외 | 이화여대 보건교육학과

160 북한의 법체계
권재열 외 | 숭실대 법학과

161 생명공학기술의 안전성 확보에 관한 법적 고찰
이재협 | 경희대 법학부

162 청소년복지학
김성이 외 | 이화여대 사회복지학과

163 변화하는 세계, 변화하는 복지국가
조영훈 | 동의대 사회복지학과

164 의리의 윤리와 한국의 유교문화
김낙진 | 진주교대 도덕교육과

165 미국의 통상정책과 통상법
윤충원 | 전북대 무역학과

166 사회복지 프로그램 평가
김학주 | 경상대 사회복지학과

167 환경주의와 지속가능한 발전
정대연 | 제주대 사회학과

168 무역과 환경
김기흥 외 | 경기대 경제학부

169 산업계 유해폐기물의 위험과 관리
김금수 | 호서대 경상학부

170 백범 김구의 지적 계발과정 탐색
문용린 | 서울대 교육학과

171 태평양전쟁 발발 이후 일제의 인적 지배와 그리스도교계의 대응
윤선자 | 전남대 사학과

172 거버넌스 상황에서 갈등관리를 위한 대체적 분쟁해결제도
서순복 | 광주대 법정학부

173 시장경제의 유형과 민주주의
최배근 | 건국대 경상학부

174 일본고전소설 총론
김현정 | 국립한국전통문화학교

175 국어 교육을 위한 국어 문법론
이관규 | 홍익대 국어교육과

176 율곡의 군주론
전세영 | 부산교대 윤리교육과

177 동북아시아 환경협력
정서용 | 명지대 법학과

178 기후변화협약과 기후정책
신의순 외 | 연세대 경제학과

179 인터넷과 국제 학술정보 네트워크-하이퍼링크 분석
박한우 | 영남대 언론정보학과

180 국내 기업복지의 활성화 방안
최수찬 | 연세대 사회복지대학원

181 세계화와 인간안보
김우상 외 | 연세대 정치외교학과

182 세계문화유산 종묘 이야기
지두환 | 국민대 국사학과

183 한국 평생교육의 사회철학적 과제
곽삼근 | 이화여대 교육학과

184 강점모델
정순둘 | 이화여대 사회복지학과

185 글로벌시대의 계약법
박영복 | 한국외대 법과대학

186 배심제와 시민의 사법참여
안경환 | 서울대 법학과

187 동북아공동체
김재한 | 한림대 정치외교학과

188 정치 참여와 탈물질주의
김욱 | 배재대 정치외교학과

189 퍼지전문가회로망을 이용한 금융기관의 사이버 기업여신결정 지원시스템의 개발
권혁대 | 목원대 경영학과

190 환경정책과 환경법
송인성 | 전남대 지역개발학과

191 포스트모던 시대의 평생교육학
한숭희 | 서울대 교육학과

192 현대 한국인의 세대경험과 문화
박길성 외 | 고려대 사회학과

193 서구의 근로연계복지
김종일 | 건국대 사회복지학과

194 사회복지운동론
현외성 | 경남대 사회복지학과

195 외국의 역모기지 사례
유선종 | 건국대 부동산학과

196 옛이야기와 어린이문학
이지호 | 진주교대 국어교육학과

197 노인사회복지관광의 정책과제와 방안
김창수 | 경기대 관광학부

198 복지서비스의 민간위탁 시스템 분석
김순양 | 영남대 행정학부

199 새로운 빈곤층의 대두와 정부의 정책과제
김진욱 | 건국대 경제학과

200 문화행정론
김정수 | 한양대 행정학과

201 스칸디나비아 노인용 코하우징의 계획과 적용
최정신 외 | 가톨릭대 생활과학부

202 북한의 자연생태계
공우석 | 경희대 지리학과

203 통계로 이해하는 러시아
전홍찬 | 부산대 정치외교학과

204 사회복지법인의 경영과 회계
이동규 | 충남대 회계학과

205 의약분업 정책과정
차흥봉 | 한림대 사회복지학과

206 지역공동체와 평생교육
오혁진 | 동의대 평생교육학부

207 아동보호서비스의 실제
한미현 | 백석대 사회복지학부

208 그린마케팅
박재기 | 충남대 경영학부

209 아동권리와 아동복지
이혜원 | 성공회대 사회복지학과

210 국제 이주와 인도인 디아스포라
김경학 | 전남대 인류학과

211 질병과 의료의 사회학
조병희 | 서울대 보건대학원

212 북한이탈주민의 사회통합을 위한 지역복지실천의 모색
이기영 | 부산대 사회복지학과

213 치매노인케어론
조유향 | 초당대 간호학과

214 노인상담입문
서혜경 외 | 한림대 대학원 사회복지학과

215 '통일 이후 통일과정'으로서의 독일 통일영화
이준서 | 이화여대 독어독문학과

216 중국의 사회보장
오정수 | 충남대 사회복지학과

217 환경자원의 경제적 가치와 환경오염의 사회적 비용
김재홍 | 울산대 사회과학부

218 사회복지프로그램의 경제적 평가방법
박창제 외 | 상주대 사회복지학과

219 자유의지와 결정론
안건훈 | 강원대 철학과

220 심리학자들이 쓴 행복한 결혼의 심리학
채규만 외 | 성신여대 심리학과

221 현대 해석학 강의
양해림 | 충남대 철학과

222 한국인의 주거 빈곤과 공공주택
하성규 | 중앙대 도시및지역계획학과

223 IMF 경제위기와 한국 출산력의 변화
김두섭 | 한양대 사회학과

224 동아시아의 영토분쟁과 국제법
이석우 | 인하대 법학부

225 독일 복지국가와 사회복지서비스
정재훈 | 서울여대 사회사업학과

226 사회복지사를 위한 실용 비모수통계
엄명용 | 성균관대 사회복지학과

227 피해자학 연구
이윤호 | 동국대 경찰행정학과

228 광고언어창작론
박영준 외 | 부경대 국어국문학과

229 환경규제 패러다임의 전환
한철 | 한남대 법학과

230 고령사회의 노동환경변화와 고용 시스템의 문제점 및 법적 대응
고준기 | 국립군산대 법학과

231 세계화와 소득불평등
이성균 외 | 울산대 사회과학부

232 유비쿼터스 사회의 이해
안중호 외 | 서울대 경영학과

233 국제환경책임법론
박병도 | 건국대 법학과

234 한국의 선거와 민주주의
윤종빈 | 명지대 정치외교학과

235 한국 시민운동의 구조와 동학
조대엽 외 | 고려대 사회학과

236 또래관계
송영혜 | 대구대 재활심리학과

237 해외 한국기업과 현지인 노동자
석현호 외 | 에스콰이아학술문화재단

238 독일 국가복지에서 민간복지단체의 역할과 의미
차성환 외 | 한일장신대 사회복지학부

239 청정공학
조정호 | 동양대 생명화학공학과

240 한국전통연희론
심상교 | 부산교육대 국어교육학과

241 정신장애와 가족
서미경 | 경상대 사회복지학부

242 빈곤통계의 작성과 활용
김주환 | 동국대 정보통계학과

243 인터넷과 한국정치
강원택 | 숭실대 정치외교학과

244 북한의 시장경제 이행
정영화 외 | 서경대 법학과

245 시스템사고로 본 지속가능한 도시
문태훈 | 중앙대 도시및지역계획학과

246 실버산업과 유비쿼터스 컴퓨팅
고일상 | 전남대 경영학부

247 재활상담과 사례관리
나운환 | 대구대 직업재활학과

248 영유아교육기관에서의 장애 이해 교육
유수옥 | 우석대 유아특수교육과

249 장애의 사회적 의미와 사회통합
박수경 | 대진대 사회복지학과

250 경제분석의 수리적 기초
조인성 | 공주대 경제통상학부

251 비영리부문의 비교연구
김승현 | 서울산업대 행정학과

252 고등교육경제학
반상진 | 전북대 교육학과

253 과학윤리교육의 이론과 방법
조희형 | 강원대 과학교육학부

254 결혼이민자가족의 이해
김오남 | 대불대 사회복지학과

255 동아시아 국가의 공공부조
신동면 | 경희대 사회과학부

256 특수아동 진단 및 평가
이나미 | 대불대 특수교육과

257 계약형 사회복지와 권리옹호시스템
이명현 | 경북대 상주캠퍼스 사회복지학과

258 실내공기질 및 위해성 관리
양원호 | 대구가톨릭대 산업보건학과

259 충남 방언 문법
한영목 | 충남대 국어국문학과

260 교육권론
노기호 | 군산대 법학과

261 도시경관계획론
임승빈 | 서울대 조경 · 지역시스템공학부

262 교통의 새로운 패러다임
김형철 | 경원대 도시계획 · 조경학부

263 노인의 삶의 질 향상을 위한 주거환경 디자인
천진희 | 상명대 디자인대학 실내디자인전공

264 사회복지와 문화
박병현 | 부산대 사회복지학과

265 장애인복지의 이론과 실제
이선우 | 인제대 사회복지학과

266 창의성 개발을 위한 디자인교육 콘텐츠
김선영 | 인천가톨릭대 조형예술대학 환경디자인학과

267 구성주의 사회복지 실천 기술론
고미영 | 서울신학대 사회복지학과

268 장애아교육학
김기흥 | 부산교육대 유아교육과

269 지역사회복지와 자원부문
한상진 외 | 울산대 사회학과

270 환경관리회계
육근효 | 부산외국어대 회계학부

271 인권 관점에서 보는 장애인복지
유동철 | 동의대 사회복지학과

272 정신증상
송지영 | 경희대 의과대학병원 신경정신과

273 사이버공간의 사회심리학
이성식 외 | 숭실대 정보사회학과

274 노인에 대한 사회적 돌봄과 돌봄서비스의 질 보장
최희경 | 신라대 가족노인복지학과

275 아동 심리치료의 실제
신현균 | 전남대 심리학과

276 사회복지와 위험관리
노충래 | 이화여대 사회복지전문대학원

277 국제 탄소시장의 이해
양승룡 | 고려대 식품자원경제학과

278 타자의 초상
신문수 | 서울대 영어교육과

279 한국정치와 환경정치
나정원 | 강원대 정치외교학과

280 북한이주민
윤인진 | 고려대 사회학과

281 음주의 사회경제적 비용
정우진 외 | 연세대 보건대학원

282 지방정치와 동북아 도시거버넌스
박재욱 | 신라대 행정학과

283 노숙인 복지론
남기철 | 동덕여대 사회복지학과

284 유럽통합과정과 지역협력
이규영 | 서강대 국제대학원

285 사회복지재정 연구
지은구 | 계명대 사회과학대학 사회복지학과

286 지역사회 교육개혁을 위한 시민사회 조직의 참여
김영화 | 홍익대 교육학과

287 복지사회를 대비한 국민연금의 구조개혁
박영석 외 | 서강대 경영학부

288 한미 FTA 지재권 협상에 따른 의약품 분야 사회후생 변화
오근엽 | 충남대 무역학과

289 산업입지, 환경 그리고 지역경제
이기동 외 | 계명대 국제통상학과

290 감성지능 개발을 통한 삶의 질 향상
김경수 외 | 전남대 경영학부

291 교육복지론
이용교 외 | 광주대 사회복지학부

292 인간과 행복에 대한 철학적 성찰
박찬국 | 서울대 철학과

293 유럽연합의 사회통합 사례와 교훈
이무성 | 명지대 정치외교학과

294 민영화와 사회후생
이상호 | 전남대 경제학부

295 북한의 교육학 체계 연구
최영표 외 | 동신대 교육대학원

296 한국 지속가능발전의 구조와 변동
정대연 | 제주대 사회학과

297 우리나라의 공익 연계 마케팅에 관한 연구
임승희 | 전주대 경영학부

298 시각장애인복지론
김영일 | 조선대 특수교육과

299 그린에너지와 환경촉매
정석진 | 경희대 화학공학과

300 취약학교 초등학생을 위한 온라인 보건교육 프로그램
박경옥 | 이화여대 보건관리학과

301 신탁제도를 통한 고령자의 보호와 지원
최수정 | 서강대 법학전문대학원

302 사회적 약자계층에 대한 실태분석 및 정책방안
이은우 외 | 울산대 경제학과

303 한류 문화와 동북아 공동체
최혜실 | 경희대 국어국문학과

304 노동유연화와 해고보호법
권혁 | 부산대 법학전문대학원

305 사회복지 위험관리의 이해
박미은 | 한남대 사회복지학과

306 의료기관의 회계와 세무
노준화 | 충남대 경영학부

307 여성인적자원의 전문성 확보를 위한 경력개발
백지연 | 이화여대 국제사무학과

308 정신병리
강선경 | 서강대 신학대학원

309 바다의 반란 적조
윤양호 | 전남대 해양기술학부

310 한국 장애인 복지 발달사
이성규 | 서울시립대 사회복지학과

311 서양예술 속의 동양 탐색
진상범 | 전북대 독어독문학과

312 한국인의 도덕성 발달 진단
문용린 | 서울대 교육학과

313 영국정치와 국가복지
고세훈 | 고려대 공공행정학부

314 인간학적 사유를 여는 중도 · 중복장애 교육학
이숙정 | 단국대 특수교육과

315 개별화 교육과정
이소현 | 이화여대 특수교육과

316 인간의 긍정적 성품
권석만 | 서울대 심리학과

317 지방자치와 지역여성의 전망
이혜숙 | 경상대 사회학과

318 한국 현대 노년소설 연구
전흥남 | 한려대 교양학부

319 정보격차 해소를 위한 창의적 정보교육 프로그램
이영준 외 | 한국교원대 컴퓨터교육과

320 한국 가족과 젠더
손승영 | 동덕여대 교양학부

321 한국의 복지혼합
김진욱 | 서강대 신학대학원

322 사회자본과 자원봉사
김태룡 외 | 상지대 행정학과

323 농촌교육복지연구
박삼철 | 단국대 교양학부

324 사회정체성 평가 차원에 대한 국제비교조사
이명진 | 고려대 사회학과

325 캐나다 복지국가 연구
조영훈 | 동의대 사회복지학과

326 한국의 소수자운동과 인권정책
전영평 외 | 서울대 행정대학원

327 한국과 미국의 보육서비스 전달체계와 품질 비교분석
김근세 외 | 성균관대 국정관리대학원

328 한국사회의 소득불평등과 국민 의료이용
이용재 | 호서대 사회복지학과

329 정보시대의 인간안보
조화순 | 연세대 정치외교학과

330 가족의 사회경제적 특성과 아동발달
김광혁 | 전주대 사회복지학과

331 초 · 중 · 고등학생의 학업소진 진행과정 및 경로분석
이상민 | 고려대 교육학과

332 다문화사회의 사법통역
이지은 | 이화여대 통역번역대학원

333 동아시아 지역주의
유현석 | 경희대 정치외교학과

334 환경친화적 공공시설관리와 지역공동체의 삶의 질
이소영 | 중앙대 실내디자인 · 주거환경학과

335 의료보험의 법정책
김나경 | 성신여대 법과대학

336 양극화 시대 가족해체와 청소년의 적응에 관한 한국과 미국의 비교 연구
오승환 외 | 울산대 사회복지학과

337 기업의 사회적 책임과 지역경제사회 발전 연구
허영도 외 | 울산대 경영학부

338 노인의 삶의 질 향상을 위한 온라인 소셜 네트워크 구축 방안
김진우 | 연세대 경영학과

339 청소년 생활역량
윤명희 외 | 동의대 평생교육학과

340 외국인 배우자의 다양성과 국제결혼의 안정성
김두섭 | 한양대 사회학과

341 정보인권의 규범구체화
이민영 | 가톨릭대 법학과

342 한국 사회복지실천의 고유성
최성재 외 | 서울대 사회복지학과

343 스웨덴의 환경책임 실천모형
최희경 | 경북대 행정학부

344 자율운동과 주거공동체
윤수종 | 전남대 사회학과

345 한국인의 공공봉사동기
김상묵 | 서울과학기술대 행정학과

346 한국 이혼가정 아동의 성장
김혜숙 | 경인교육대 교육학과

347 동양 사상과 노인 복지
홍승표 외 | 계명대 사회학과

348 노동과 사회보장의 연계
오문완 | 울산대 법학과

349 학습장애 위험군 아동의 조기선별을 위한 읽기검사 표준화 연구
김애화 외 | 단국대 특수교육학과

350 신 · 재생에너지에 기초한 녹색성장과 사회통합
김인호 | 이화여대 법학전문대학원

351 문화교류역량과 다문화 경영이 기업 경영성과에 미치는 영향
임병학 외 | 부산외대 경영학부

352 빈곤영유아의 발달과 적응
정익중 외 | 이화여대 사회복지학과

353 민사법질서와 인권
양천수 | 영남대 법학전문대학원

354 성년후견제도와 사회복지제도의 연계
신권철 | 서울시립대 법학전문대학원

355 한국 다문화사회의 이방인
김순양 | 영남대 행정학과

356 현대 시민사회와 소비자계약법
이병준 | 한국외대 법학전문대학원

357 개인의 사회적 정보보호를 위한 공공 정보서비스 개선 연구
장항배 | 상명대 경영학과

358 여성교육투자에 대한 교육경제학적 탐색
백일우 외 | 연세대 교육학부

359 사회적 기업과 지속가능한 지역발전
임업 외 | 연세대 도시공학과

360 다문화가정 구성원에 대한 투트랙 한국어 교육방안 연구
박시균 | 군산대 국어국문학과

361 아시아의 빈곤과 한국기업의 역할
한인수 | 충남대 경영학부

362 유치원 · 초등학교 연계 환경교육
박희숙 | 공주대 유아교육학과

363 비정규 고용과 사회정책
구인회 외 | 서울대 사회복지학과

364 사생활의 자유에 관한 비교법적 연구
이창현 | 서강대 법학전문대학원

365 다중융합 환경 기반의 미디어스킨을 활용한 문화콘텐츠 디자인 적용방안에 관한 연구
오문석 외 | 광운대 미디어영상학부

366 북한이탈주민 여성의 성인식 관련 기초 조사
한인영 외 | 이화여대 사회복지학과

367 노인주택 파노라마
유선종 | 건국대 부동산학과

368 시설보호 청년의 적응
정선욱 | 덕성여대 사회복지학과

369 다수 집단과 소수 집단의 심리
김혜숙 | 아주대 심리학과

370 바이오 휴머니티
권택영 | 경희대 영어학부

371 프랑스 다문화교육의 이해
이경수 | 상명대 불어교육과

372 한 · 중 서비스산업의 비교분석과 교역 확대 방안
김상호 | 리츠메이칸 아시아태평양대 국제경영학부

373 현대의학에 있어서 생명의 시간과 인간의 존엄
김학태 | 한국외대 법학전문대학원

374 0~3세 영유아의 영상물 과몰입 실태조사 및 정신건강증진 프로그램 개발과 적용
이경숙 | 한신대 재활학과

375 복지국가의 조세와 정치
양재진 외 | 연세대 행정학과

376 청소년기 자살행위 실태와 관련 요인
박선희 | 경희대 간호과학대학

377 기술혁신에 따른 지역 간 정보격차
최정혜 외 | 연세대 경영대학

378 한국 사회의 이중구조와 생애주기적 불평등
안상훈 편 | 서울대 사회복지학과

379 소비자의 친환경행동에 영향을 미치는 사회적 · 경제적 가치에 대한 고찰
송재기 | 텍사스테크대 경영학과

380 어머니 양육행동 관련 변인들과 유아 사회정서행동 간의 구조모형 분석
심숙영 | 숙명여대 원격대학원

381 조선족 여성, 동남아시아 여성 그리고 새터민의 적응 유형 분석 및 삶의 질 향상 방안 모색
정태연 | 중앙대 심리학과

382 세계의 연금, 한국의 연금
허만형 | 중앙대 공공인재학부

383 노인요양원과 문화 변화
최재성 | 연세대 사회복지학과

384 시민사회와 국제개발협력
손혁상 | 경희대 공공대학원

385 복지국가의 변화와 빈곤정책
김윤태 | 고려대 사회학과

386 다문화가정의 미디어 이용과 사회적 자본의 관계
진창현 | 경기대 경영학과

387 사회진출 대졸 초년생의 탄력성 변화 양상
이상민 | 고려대 교육학과

388 사회자본과 경제발전 그리고 정부의 질
도수관 | 대구가톨릭대 행정학과

389 망명과 귀환이주
서장원 | 고려대 독일문화학과

390 근거기반실천과 사회복지
김유진 | 경북대 사회복지학부

391 인터넷상 정보 유통에 대한 새로운 저작권 규율 방향 모색
박준석 | 서울대 법학전문대학원

392 한국 사회의 인종차별적 담화구조
이창수 | 한국외대 통역번역대학원

393 사회복지사의 사회복지 가치 지향
김용석 | 가톨릭대 사회복지학과

394 개인정보의 국제적 유통에 따른 법적 문제와 대책
박훤일 | 경희대 법학전문대학원

395 정신장애인의 인권
서미경 | 경상대 사회복지학과

396 취약계층 비만청소년들의 체중관리를 위한 건강증진 프로그램의 효과
김영호 | 서울과학기술대 스포츠과학과

397 한국 전통의 돈의 문학사, 나눔의 문화사
서신혜 | 한양대 창의 · 융합교육원

398 와이파이 공간과 모바일 정보 격차
이건학 | 서울대 사회과학대학

399 도시정비사업의 법적 쟁점과 해설
성중탁 | 경북대 법학전문대학원

400 사회서비스 제공기관의 조직요인과 성과
신창환 | 경북대 사회복지학부

401 도시 사운드스케이프 디자인
전진용 외 | 한양대 건축공학부

402 지방의회 의원윤리연구
김택 | 중원대 경찰행정학과

403 발달장애인 자립생활 증진을 위한 역량탐색 및 주거로서의 해결과제
김라경 | 광주교육대 교육학과

404 외국인고용제도개선과 인권
김상호 외 | 경상대 법과대학

405 사회복지연구에서 질적방법과 분석
김인숙 | 가톨릭대 사회복지학과

406 현대미술에서의 예술적 성장과 창의적 인재양성
백경미 | 울산과학기술원 기초과정부

407 현대인의 삶과 문화예술교육
곽삼근 | 이화여대 교육학과

408 문화적 배경과 체화된 인지
민동원 | 단국대 경영학부

409 아동 섭식행동평가 척도 표준화 및 섭식문제 현황 조사
정경미 | 연세대 심리학과

410 잊혀질 권리: 이상과 실현
문재완 | 한국외대 법학전문대학원

411 인권의 지역화: 일상생활의 인권 증진을 위하여
김중섭 | 경상대 사회학과

412 다문화 시대 이주민의 한국어 의사소통
민병곤 외 | 서울대 국어교육과

413 다문화 시대의 문화교육 커리큘럼
윤여탁 외 | 서울대 국어교육과

414 다문화 시대의 통일교육
박성춘 외 | 서울대 윤리교육과

415 다문화 시대 사회 통합을 위한 시민 교육
이진석 외 | 부산대 일반사회교육과

416 다문화 관련 법률 및 제도
박성혁 외 | 서울대 사회교육과

417 생태복원의 인문학적 상상력
김성도 외 | 고려대 언어학과

418 다국내 출생 다문화가정 청소년의 아픔과 분투: 사회적 차별로부터의 회복과 성장
서영석 | 연세대 교육학과

419 종교심리학의 이해: 죽음인식의 논의를 중심으로
김재영 | 서강대 종교학과

420 글로벌 시대의 사회통합: 세계적 추세와 한국의 위상
장용석 외 | 연세대 행정학과

421 소규모 사회적기업과 소셜미디어 마케팅
박철 | 고려대 글로벌비즈니스대학

422 동아시아 가면극의 역사와 전승양상
전경욱 | 고려대 국어교육과

423 무엇이 우리를 행복하게 하는가?
구교준 외 | 고려대 행정학과

424 디지털 중독의 이해와 대응 방안
오원석 외 | KAIST 경영대학

425 지속가능발전목표(SDG) 시대 한국의 복지와 행복지표 측정
한준 외 | 연세대 사회학과

426 지방정부 간 사회복지 불균형과 시민 행복
장용석 외 | 연세대 행정학과

427 일 · 여가의 변화와 행복 복지
유홍준 외 | 성균관대 사회학과

428 가족시간과 삶의 질
이윤석 외 | 서울시립대 도시사회학과

429 사회복지사의 유데모니아: 사회복지의 가치와 보람, 그리고 행복
송인한 외 | 연세대 사회복지대학원

430 행복을 위한 움직임
안문경 | 국민대 교양대학

431 읽기 장애 조기 선별검사의 측정학적 적합성 연구
여승수 | 부산교육대 유아교육학과

432 문화적 다양성과 창의성: 심리학적 관점
장재윤 | 서강대 심리학과

433 내일의 종언(終焉)? 가족자유주의와 사회 재생산 위기
장경섭 | 서울대 사회학과

434 산림공유자원관리로서 금송계 연구
배수호 외 | 성균관대 행정학과

435 한국 경제발전의 문화적 기원: 추격성장, 발전국가 그리고 문화적 혼종성
김명수 | 한양대 정보사회학과

436 4차 산업혁명의 일자리 진화
이민화 | KAIST 미래전략대학원

437 금융 분야에 있어서 4차 산업혁명 시대와 일자리 대책
고동원 | 성균관대 법학전문대학원

438 노동의 디지털화와 산업노동의 미래: 독일 산업 4.0을 중심으로
임운택 | 계명대 사회학과

439 4차 산업혁명과 고등교육 개혁
김민희 외 | 대구대 교직부

440 4차 산업혁명과 일자리 정책의 미래
권혁 외 | 부산대 법학전문대학원

441 복지공급론: 보건복지의 수단과 체계
강창현 | 단국대 공공관리학과

442 생각 중심 교육
박주용 | 서울대 심리학과

443 청소년 독자의 정체성과 문식 활동
이순영 | 고려대 국어교육과

444 인간의 심리를 조작하는 사회공학기술
김석수 | 한남대 멀티미디어학부

445 한국사회 이타적 행동에 대한 이해
강철희 외 | 연세대 사회복지대학원

446 이주민의 사회적 배제: 세대 간 전이와 민족 계급화를 중심으로
최혜지 | 서울여대 사회복지학과

447 사회복지, 업의 변화와 마케팅
이원준 | 청주대 경영학과

448 충남 민속의 이해
이필영 | 한남대 역사교육과

449 한국 청소년들의 공동체지향목표
신종호 외 | 서울대 교육학과

451 지방 인구구조의 변화와 지역 사회복지 전달체계
기정훈 | 명지대 행정학과

452 고령친화적 도시재생뉴딜: 일본의 고령친화 주거지재생 정책 사례 연구
김현주 | 연세대 건축학과

아산재단연구보고서

001 한국인의 도덕성 연구
배해수 | 고려대 국문학과

002 산업화와 청소년 진로
이원호 | 울산대 교육학과

003 공동체의식과 시민운동
김영섭 | 한양대 행정학과

004 한국청년의 삶의 의미 충족도와 만족적 태도
안정수 | 경희대 철학과

005 중국조선족의 사회발전과 한 · 중관계의 위상
손장권 | 고려대 사회학과

006 해송림 "솔껍질깍지벌레"의 천적 및 주요 종의 생태
김규진 | 전남대 농생물학과

007 사회정의와 실천윤리
박종대 | 서강대 철학과

008 동구개혁의 영향
김달중 | 연세대 정치외교학과

009 한국청소년의 의식세계
김문조 | 고려대 사회학과

010 고강도 철근 콘크리트 구조의 실용화
정헌수 | 중앙대 건축학과

011 신기술의 연관형태 및 출현예측의 구조모형
권철신 | 성균관대 산업공학과

012 민간기업의 연구개발을 위한 조세정책
권영훈 | 한양대 경제학부

013 기술개발 활성화방안
송승구 | 울산대 화학공학부

014 부패의 현상과 진단
이문조 | 영남대 정치외교학부

015 연구투자의 지역적 편중화와 부산지역의 기초과학연구 활성화방안
윤웅찬 | 부산대 화학과

016 GATT의 신구 덤핑방지협정과 그 대응 방안
전창원 | 동국대 무역학과

017 한국사회의 도덕성 제고를 위한 진단과 처방
황경식 | 서울대 철학과

018 새로운 노사관계 방향
이진규 외 | 고려대 경영학과

019 21세기 동북아 정세예측과 한국의 전략적 대응방안
최평길 외 | 연세대 행정학과

020 소련의 한국에 대한 정책목표분석
신승권 | 한양대 정치외교학과

021 메모리 커패시터용 $Pb(Zr_xTi_{1-x})O_3$ 강유전체 박막의 제작과 특성
장지근 외 | 단국대 전자공학과

022 러시아 국제법학의 전통
김용구 | 서울대 외교학과

023 유럽연합의 현황과 전망
김동현 외 | 성균관대 행정학과

024 중국의 정치동원
송영우 외 | 건국대 정치외교학과

025 산업적 활용을 위한 이동로보트 시스템의 개발
박민용 외 | 연세대 전자공학과

026 중국조선족의 정치사회화과정과 동화적 국민통합의 방향
전인영 외 | 이화여대 사회생활학과

027 공적부조의 이론과 실제
최일섭 외 | 서울대 사회복지학과

028 대외통상환경의 변화와 법제개편
서헌제 | 중앙대 법학과

029 기업금융의 국제화
최생림 | 한양대 경영학부

030 자동차부품공업의 노사관계
김호진 외 | 고려대 행정학과

031 산업화 과정에서의 한국가족의 실태와 전망
정창수 외 | 성균관대 사회학과

032 공무원 가치관 실태와 정립방안
배병룡 외 | 경상대 행정학과

033 해외귀국청소년의 국내적응연구
이장영 | 국민대 사회학과

034 초고속정보통신망에서 LAN서비스 제공방안
이재용 | 연세대 전자공학과

035 WTO체제의 정책적 대응
김병진 외 | 경희대 행정학과

036 유럽의 통합정치
최수경 외 | 충남대 정치외교학과

037 유기질폐기물을 이용한 고단백사료원인 조류의 생산공정
최정우 외 | 서강대 화학공학과

038 초고속정보통신망의 수용성과 정책방향
박영상 외 | 한양대 신문방송학과

039 중국의 강남사회와 한중교섭
조영록 외 | 동국대 사학과

040 세계화시대의 사회 · 문화의식
신행철 외 | 제주대 사회학과

041 국내 외국인 노동자의 문제와 대책
성규탁 외 | 연세대 사회복지학과

042 노인인력 활용정책과 프로그램
김정후 외 | 강원대 법과대학

043 한일간 학술교류 현황과 활성화방안
정홍익 외 | 서울대 행정대학원

044 계량모형에 의한 한일 경제관계의 이해
김명직 외 | 한양대 경제학부

045 직장인의 음주행태와 삶의 질
진기남 외 | 연세대 보건행정학과

046 유통정보 시스템의 구조와 설계
정용길 | 충남대 경영학과

047 남북통일 이후 사회통합을 위한 교육의 역할
안기성 외 | 고려대 교육학과

048 대중음악에 심취한 청소년들의 심리적 특성
김인경 외 | 연세대 인간행동연구소

049 멀티미디어 시스템을 활용한 교육환경의 개선방안
김한일 | 제주대 컴퓨터교육학과

050 탈냉전기 한일관계의 쟁점
최상룡 | 고려대 정치외교학과

051 자치시대 새로운 '삶의 질' 지표의 모색
김형기 외 | 경북대 경제통상학부

052 유럽통합의 역내외 협력과 갈등
이호재 외 | 고려대 정치외교학과

053 21세기를 대비한 신노사관계
김재원 | 한양대 경제학부

054 대학의 시간제학생 등록제
안규철 외 | 전남대 교육학과

055 21세기에 대비한 방송통신정책
한진만 외 | 강원대 신문방송학과

056 주민참여를 통한 혐오시설 관리운영방안
박균성 외 | 경희대 법학부

057 여성의 정치적 권리인식과 정치참여
전경옥 외 | 숙명여대 정치외교학과

058 한국인 위장질환과 식생활 · 환경요인 및 *H. pylori* 감염과의 관계
이양자 외 | 연세대 식품영양학과

059 학생과 시민의 자원봉사활동
윤정일 외 | 서울대 교육학과

060 동북아 환경문제와 지역환경협력의 모색
신연재 외 | 울산대 정치외교학과

061 노인 자원봉사활동을 통한 사회통합 프로그램 개발
김동배 | 연세대 사회복지학과

062 물류정보 시스템
김태현 | 연세대 경영학과

063 전자식 문서교환을 이용한 항공화물 운송체계
민재형 | 서강대 경영학과

064 청소년과 성
이근후 | 이화여대 의과대학

065 민족통합과 무궁화호 위성의 남북한 공동활용방안
방정배 | 성균관대 신문방송학과

066 채식주의가 20대 여성의 영양상태와 에스트로겐 대사에 미치는 영향
성미경 | 숙명여대 식품영양학과

067 가상정보공간을 통한 지역개발 활성화 전략
유재천 외 | 한림대 언론정보학부

068 조산아 관리현황 및 정책수립 방안
박상기 외 | 조선대 의과대학

069 남북한관의 의식조사와 통일교육 개선 방안
김동규 외 | 고려대 북한학과

070 동양 전통 자연사상 탐구
장동순 | 충남대 환경공학과

071 초고속정보망의 시뮬레이터 구현
한기준 | 경북대 컴퓨터공학과

072 유통원가 시스템의 유효성
정다미 | 명지대 경영학과

073 국악과 문화관광의 만남
정익준 외 | 동아대 국제관광통상학부

074 기업의 지식경영 활용사례
김창은 | 명지대 산업공학과

075 선진국과 한국의 직업교육 · 훈련제도의 특성과 한계
정주연 | 고려대 경제학과

076 제주지역 성인 여성의 자원봉사활동
이상철 외 | 제주대 사회학과

077 M&A와 문화충돌 관리
박원우 | 서울대 경영학과

078 폐금속광산 인근 주민들의 중금속 오염실태
정종학 외 | 영남대 의학과

079 북한 농촌 · 농업실태와 인력자원개발 시스템을 통한 북한 농민의 구호방안
박성열 | 건국대 교육공학과

080 중소 소매점의 경쟁력과 소매성과
채명수 외 | 한국외대 무역학과

081 고령자를 위한 쾌적한 실내온도와 착의량의 설정
정운선 | 안동대 의류학과

082 지역문화 이벤트 PR
박종민 | 경희대 언론정보학부

083 인터넷 지역정보화의 실태와 전략
유평준 외 | 연세대 행정학과

084 여성 삶의 질 향상을 위한 사회교육 활성화 방안
김양희 | 중앙대 가족복지학과

085 벤처기업과 벤처금융
강대석 외 | 충남대 무역학과

086 구조조정기에 있어서 실업대책과 사회 안전망 구축
박천익 | 대구대 경제학과

087 한국 유아의 조기교육
이명조 외 | 한국외대 교육대학원

088 남북한 경제공동체 형성전략
이상만 | 중앙대 경제학과

089 지방자치회계의 투명성과 주민의 알 권리
권찬태 외 | 경북대 경영학부

090 정치지도자의 정책리더십
이해영 | 경일대 행정학과

091 경제위기와 한국인의 복지의식
신광영 외 | 중앙대 사회학과

092 북한의 노동
김강식 | 한국항공대 경영학과

093 우리나라 중소기업의 정보기술 활용 현황과 경쟁력 강화를 위한 제안
정승호 | 부산외대 정보시스템학과

094 인간배아복제의 법적 · 윤리적 문제점과 그 해결방안
최병규 | 한경대 법학부

095 가치변화에 따른 투표행태
조찬래 외 | 충남대 정치외교학과

096 인터넷 경매에서의 계약체결과 소비자 보호
이기수 외 | 고려대 법과대학

097 세계화시대 남북한 통합의 방향과 과제
윤민재 | 서울대 사회발전연구소

098 글로벌 시대 지방정부의 문화마케팅 전략
박흥식 | 중앙대 행정학과

099 대졸여성실업의 실태분석 및 대학-노동시장 간 효율적 연계방안
이은우 외 | 울산대 사회과학부

100 그린 투어리즘의 분석
이응진 | 대구대 관광학부

101 지방자치단체장의 부정부패
오일환 | 한양대 아태지역연구센터

102 산업화가 유교체제하 중국여성의 지위에 미친 영향
천성림 | 배재대 사회과학연구소

103 움직이는 말하기
유혜숙 외 | 나사렛대 교양학부

104 장애학생을 위한 특수교육공학의 활용
김용욱 | 대구대 중등특수교육과

105 지식기반사회의 평생교육 이해와 평생교육 프로그램 개발
박성열 | 건국대 교육공학과

106 N세대의 미술교육
김동철 | 대구교육대 미술교육학과

107 노후계획과 투자
권택호 | 여수대 국제통상학과

108 영화산업
양영철 | 경성대 연극영화학부

109 동유럽의 변혁과 언론의 역할
정대수 | 경남대 정치언론학부

110 환율, 임금, 물가가 국제경쟁력 및 수출입산업에 미치는 영향
하인봉 | 경북대 경제통상학부

111 일본기업의 기술혁신 전략
위정현 | 중앙대 상경학부

112 노후보장정책과 역저당연금제도
조덕호 외 | 대구대 행정학과

113 유비쿼터스 라이프와 미래 사회
김석수 | 한남대 멀티미디어공학과

114 죽음과 관련된 생명윤리적 문제들
구인회 | 가톨릭의과대 인문사회과학교실

115 경제적 세계화와 빈곤문제, 그리고 국가
김준현 | 한일장신대 인문사회과학부

116 한국의 세계불교유산
김종명 | 한국학중앙연구원 한국학대학원

117 복지레저서비스론
고태규 | 한림대 국제학부

118 자생적 철학체계로서 인간중심철학
선우현 | 청주교대 윤리교육과

119 전략적 통합과 한반도 평화체제
김승채 | 고려대 정책대학원

120 환경사법론
전경운 | 경희대 법학부

121 인터넷 자료를 통해 본 한국의 이혼문화와 사회복지
성정현 외 | 협성대 사회복지학과

122 유럽연합의 사회정책에 관한 연구
문진영 | 서강대 신학대학원 사회복지학과

123 여성건강의 통합적 관점
김혜원 | 관동대 간호학과

124 복잡계 네트워크 과학
강병남 | 서울대 물리천문학부

125 경제적인 3세대 전원주택 개발
박근준 | 호서대 건축공학과

126 사회복지와 인적자원개발
이상일 | 인제대 국제경상학부